청소년들의 진로와 직업 탐색을 위한
잡프러포즈 시리즈 19

인본주의 과학자라면

약사

허지웅 지음

인본주의 🧪 과학자라면

약사

꿈을 날짜와 함께 적어놓으면 목표가 되고,
목표를 잘게 나누면 계획이 되며,
그 계획을 실행에 옮기면 꿈은 실현되는 것이다.

- 그레그 S. 레잇 Greg S. Reid -

지적인 욕구가 있는 자만이 배울 것이다.
의지가 확고한 자만이 배움의 길목에 있는
장애물을 극복할 것이다.
나는 항상 지능지수보다는 모험지수에 열광했다.

– 유진 윌슨 Eugene S. Wilson –

C·O·N·T·E·N·T·S

C·O·N·T·E·N·T·S

약 사
허지웅의
프러포즈

++
pharmacist

안녕하세요? 꿈이 있는 사람은 영원히 늙지 않는다는 신념으로 늘 새로운 꿈을 꾸는 허지웅 약사예요. 저는 약국을 운영하고 있지만 때때로 중, 고등학교의 약물안전교육 시간에 의약품의 올바른 사용과 약물 오·남용에 관한 강의를 하고 있어요. 그곳에서 만난 학생들과 이야기를 나누다 보니 약사에 대한 여러분의 생각을 조금은 알 것 같아요. 이과 계통 공부를 해서 약대에 진학하고 약학 지식을 습득하기만 하면 약사가 된다고들 생각하더라고요. 맞는 말이긴 하지만 그것만이 전부는 아니에요. 약의 전문가로서 약에 대한 지식은 기본이죠. 더불어 아픈 환자의 마음을 헤아리고 공감하고 보듬어 줄 수 있어야 해요.

2016년에 수지 코헨Suzy Cohen이라는 미국의 약사가 한국을 방문한 적이 있었어요. 전국으로 강연을 다녔는데, 주된 내용은 약학과 관련된 것이었지만 지금도 기억에 남는 것은 그녀가 겪은 일화를 소개한 것이었죠. 퇴근할 무렵 남루한 차림의 고객 한 사람이 들어와서 쓸데없는 이야기를 계속하더래요. 중언부언, 횡설수설하면서 이런저런 이야기를 하다 자신의 개인적인 이야기를 하기 시작했죠. 처음엔 지루하기도 하고, 빨리 문을 닫고 가족이 기다리는 집으로 가고 싶었지만 계속 들어주었고 그분의 개인적인 아픔이나 마음이 동한 부분에서는 공감도 해주었대요. 이야기를 마친 고객은 돌아갔다가

한참 뒤에 다시 약국에 와서는 고백을 해요. 사실 그날은 자신이 자살하기로 결심한 날이었다고요. 약국에 불이 켜져 있다는 단순한 이유로 잠깐 들어왔는데 당신이 내 이야기를 들어주고 아픔에 공감해주자 큰 위로를 받았고, 다시 삶의 희망을 얻어 지금까지 열심히 살아왔다는 고백이었죠. 만약 수지 코헨이 단순히 약만 팔면 된다는 생각을 가진 약사였다면 그 고객은 어떻게 되었을까요? 그녀와 같은 공감능력과 대화의 기술 같은 인문학적 소양이 얼마나 중요한지를 말해주는 일화라고 생각해요.

질병을 예방하거나 진단하거나 치료하는 약의 중심에는 바로 사람이 있어요. 그 본질을 모르고 약사가 되었다면 약사로서의 삶도 행복할 수 없고, 환자에게도 진정한 약사의 모습을 보여줄 수 없어요. 약사는 학문적으로 과학자에 속하는데 사람의 소중한 생명을 다루는 직업이기에 가장 인본주의적인 과학자 중 하나죠. 실제로 질병을 치료하고 예방하며 건강을 지키는 보건의료인들 중에 우리 생활의 가장 가까이에 있어 주민들이 쉽게 대면하며 편하게 상담할 수 있는 사람이 바로 약국의 약사예요. 그런 이미지가 강하다 보니 약사라고 하면 대부분 약국의 약사를 떠올려요. 그렇지만 약국에서 근무하는 약사뿐만 아니라 병원, 공직, 제약회사, 연구소 등 다양한 생명과학 분야에서 많은 약사들이 활동하고 있어요.

약학의 중요한 특징이 약을 중심으로 물리학, 생물학, 화학, 분석학, 생약학, 해부학, 생리학, 미생물학, 세포(유전)학, 약제학, 약리학, 통계학, 병리학, 독성학, 약물동역학, 바이오의약품학, 향장학, 생화학, 커뮤니케이션학 등의 다양한 학문이 융합된 지식인을 키워낸다는 것이에요. 과학을 좋아하는데 인문학적 감수성이 뛰어난 친구, 혹은 인문학을 좋아하지만 생명과학 분야에서 일하고 싶은 친구는 융합 학문인 약학을 배워 약사의 길을 걷는 것은 어떨까요?

첫인사

토크쇼 편집자 - 편

약사 허지웅 - 허

편 먼저 자기소개를 부탁드려요.

허 안녕하세요? 저는 약사 허지웅이라고 해요. 현재 인천 중·동구 약사회 회장이며 인천 마약퇴치본부 사무총장과 대한약사회 정책위원, GMP전문연구회 회장으로도 소임을 다하고 있어요. 의사와 약사들의 대국민 소통 TV 프로그램인 〈오감도TV〉의 진행을 맡고 있으며, 〈라이브 팜메드 잉글리시〉 등 의약 관련 칼럼도 쓰고 있어요.

편 이 일을 하신지는 얼마나 되셨나요?

허 약사가 되어 일한 지도 벌써 15년이 되었네요.

편 약사라는 직업을 선택한 이유가 있나요?

허 저는 처음부터 약대에 진학하지는 않았어요. 원래는 공학도였죠. 군대를 다녀와 복학을 하고 몇 년 뒤인 1997년, IMF 외환위기로 인해 졸업을 앞둔 저뿐만 아니라 전국의 모든 공대생들은 취업할 길이 막막해졌어요. 졸업만 하면 대기업에 들어가 평범하고 안정적인 직장생활을 할 거라 예상했는데, 당시에 모든 대기업이 2년간 신규채용을 중단했죠. 심지어 졸업 전에 미리 채용됐던 동기 중에는 채용이 취소된 친구도 있

었어요. 휴학이나 대학원 진학을 하지 않고 이대로 졸업하면 바로 실업자가 되는 상황이었어요. 그동안 당연시되던 평생직장의 개념이 사라지기 시작했고, 경제 분야뿐만 아니라 사회 전체가 적지 않은 혼란을 겪었죠. 그렇지만 위기는 기회라고들 하잖아요. 보다 안정적인 직업에는 무엇이 있는지 고민한 끝에 노량진의 재수학원에 들어가 다시 대학 입학시험을 보고 약학대학에 들어갔죠.

편 이 직업을 프러포즈하는 이유는 뭔가요?

허 100세 시대에 이르게 된 지금, 행복과 직결되는 건강은 앞으로 더욱 중요해질 화두이기에 약사의 역할은 더욱 커지리라 생각해요. 더불어 4차 산업혁명 시대에는 IT, ICT^{Information and Communications Technologies}는 물론 BT^{Bio Technology}가 크게 발전할 것이라 예견되고 있어 약사의 미래는 더욱 밝을 것이라 보고요. '100세 시대'와 '4차 산업혁명' 이 두 가지는 당분간 우리 시대의 화두이자 현실이 될 텐데요. 4차 산업혁명 시대에는 단순 노동집약적 산업이 위기를 겪고, 지식 기반 산업은 더욱 발전할 것이라는 예상은 일리가 있어 보여요. 그러나 이를 잘못 이해하여 단순히 많은 직업이 사라질 것이라는 논리의 오류에 빠지지 말았으면 해요. 개별 직업의 직능은 4차 산업혁명 시대에 맞게 변화하고 발전하는 가운데 물리적, 생물학적, 디지털적 세계를 통합할 것이라 생각해요. 즉, 4차 산업혁명 시대는 융합기술의 시대인 거죠. 이런 측면에서 볼 때, 다양한 학문을 통합하고 새로운 기술을 만들어내는 생명과학과 분야는 더욱 가치 있는 산업이 될 거라고 여겨져요. 또한 인류의 질병이 효과적으로 치료될 수 있게 도와주는 일이기에 앞으로도 계속 중요한 역할을 할 것이고요.

요즘 가장 큰 사회문제는 바로 청년실업이잖아요. 늘어난 고학력자와 좁아진 취업문으로 인해 청년실업률이 10%를 기록했다고 하는데요. 이를 극복하기 위해 정부에서는 청년정책의 기조를 새롭게 전환할 필요가 있겠죠. 또 여러분 각자는 내가 선택한 직업이 미래에도 계속 유효하려면 나는 어떤 분야의 전문가가 되어야 할지 고민해야 하겠고요. IMF 경제 위기로 인해 사상 초유의 취업난을 경험했던 선배로서, 미래에 더 가치 있는 직업, 미래에도 계속 필요한 분야가 무엇인지 깊이 있게 고민했던 선배로서 제가 일하고 있는 생명과학 분야를 여러분에게 권하고 싶어요. 많은 생명과학 분야 중에서도 약사라는 직업은 우리 생활 가장 가까이에서 주민의 건강을 돌

보며 만족감과 자부심을 느낄 수 있는 직업이기에 여러분에게
추천해요.

약사란

약사라는 직업에 대해 소개해주세요.

편. 약사라는 직업에 대해 소개해주세요.

허. 약사는 약에 대한 전문가로서 약사법에 의해 약에 관한 업무를 담당하는 사람이에요. 약사는 약국뿐 아니라 제약회사, 연구소, 학교, 공직 등 여러 분야에서 일하고 있어요.

의약분업 후 전문의약품에 대해서는 의사 처방전에 의해서만 조제가 가능하게 됨에 따라 약사의 업무를 처방전에 의한 단순 조제만으로 오해하는 경우가 많아요. 그렇지만 약사가 하는 일은 그것만이 아니죠. 우선 조제 전에 연령금기, 병용금기, 용량을 확인하는 등 처방이 바르게 나왔는지 검토해요. 그후에 조제를 하게 되고 조제된 약을 환자에게 전달하는데 이모든 과정에서 전문적인 지식이 필요하죠. 약품을 전달할 때도 약품에 대한 안내와 더불어 정확한 복용법, 보관 방법, 주의사항 등의 복약지도를 통해 환자가 안전하게 의약품을 사용할 수있도록 돕고 있어요. 또한 일반의약품과 건강기능식품, 의약외품, 의료기기, 동물의약품 등은 환자와의 상담을 통해 의사의 처방전 없이도 빠르고 편하게 제공하고 있어요.

약사와 약국의 장점은 의료 직능 분야의 전문가들 중에 국

민들이 가장 쉽게 접근할 수 있다는 점이에요. 약국은 대부분 건물 1층에 있잖아요. 동네 어디에나 있어 쉽게 만날 수도 있고요. 접근성이 좋은데도 국민들이 많이 활용하지 못하는 게 안타까워요. 약국에 오는 분들 중 대부분은 약사를 처방에 따라 약을 지어주는 사람 정도로 생각해요. 빨리 약만 받아가길 바라죠. 실은 약을 어떻게 먹고 어떤 부분에서 주의를 기울여야 하는지가 중요한데 말이죠. 약사의 직능이 제도상 실제 하는 일보다 많이 축소되어 약사에 대한 이미지마저 변해버린

현실이 아쉬워요. 예전에는 의사나 병원이 적어 약사가 동네의 건강지킴이 역할을 했어요. 앞으로는 100세 시대가 될 것이라 하여, 건강이 더욱 중요한 화두로 떠오르고 있잖아요. 이를 계기로 다시금 예전의 동네 사랑방으로 돌아가 국민들의 건강을 상담해주는 친근한 이미지의 약사가 되었으면 하는 바

더 알고 싶어요!

연령금기

안전한 약물 사용을 위해 연령에 따라 금기되는 성분과 품목을 지정해 놓았어요. 예를 들어 연령금기에 2세 미만이라고 되어 있으면 2세 미만의 아이에게는 이 약물을 사용해서는 안돼요.

병용금기

두 가지 이상의 성분을 함께 사용할 경우 치료 효과에 변화를 가져오거나 심각한 부작용을 초래할 수 있어요. 그런 경우 함께 처방하지 않도록 같이 사용하면 안 되는 약물을 지정해 놓았어요.

의약외품

질병을 치료하거나 예방하기 위해 쓰는 의약품보다는 인체에 대한 작용이 경미한 약품을 의약외품이라고 해요. 목욕용품은 화장품으로 분류되지만 여드름 예방용 비누는 의약외품으로 분류돼요.

람이에요.

편 약사는 약국뿐 아니라 병원, 제약회사 등에서도 일한다고 했는데 어떤 점이 다른가요?

허 크게 의약품 제조와 의약품 조제로 나누어서 보면 쉬울 것 같아요. 의약품 제조는 공장에서 약을 만드는 것이고, 의약품 조제는 공장에서 만든 여러 가지 약품을 적절히 조합해 약을 짓는 것을 말해요. 제약회사에서 일하는 약사는 의약품의 제조와 관련된 일을 하죠.

약국과 병원에서 일하는 약사는 모두 조제 영역에 해당하는 일을 하지만 업무에 약간 차이가 있어요. 병원은 다양한 과로 나뉘어 있는데, 과별로 사용하는 특수의약품이 많기 때문에 병원 약사는 상대적으로 특수화된 약을 더 많이 다루죠. 환자와 직접 대면해 조제하는 방식보다는 각 과나 입원실에 대한 조제가 더 많고요. 반면 지역의 개별 약국은 그 지역의 병·의원 처방에 따른 조제와 더불어 일반의약품, 건강기능식품, 의약외품 등을 판매하고 있어요. 환자나 고객을 직접 상담하면서 업무를 보고요.

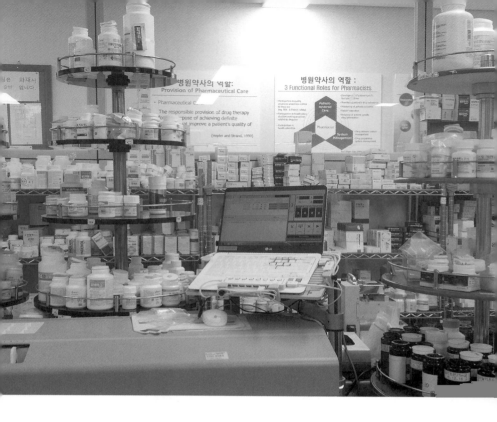

편　병원과 약국은 떼려야 뗄 수 없는 관계잖아요. 의사가 되고 싶었던 적은 없었나요?

허　약사와 의사는 바늘과 실처럼 항상 함께 하는데요. 저도 의대에 지원한 적이 있어요. 하지만 의사라는 직업에 대한 전문성이나 특수성, 적성, 교육과정, 졸업 후 진로 등을 전혀 고려하지 않고 지원했었죠. 지금과 달리 제가 학생이었을 때는 공부만 잘하면 의대나 법대에 가는 것으로 진로 교육을 하기도 했어요. 그런 분위기와 주위 어른들의 기대가 의대에 지원하게 된 이유 중 하나였죠. 그런데 의사가 되려면 6년의 학부 과정과 2년의 인턴, 4년의 레지던트 과정을 거쳐야 해요. 저는 공대를 졸업하고 다시 대학에 들어갈 예정이었기 때문에 다른 학생들보다 나이가 많았어요. 그런데 결코 짧지 않은 수련의 과정을 통과해야 전문의 자격을 취득할 수 있다니 저에겐 그 긴 시간이 부담스러웠죠.

　뒤늦게 약학을 공부하고 약사로 사회생활을 하게 되었는데, 하면 할수록 의사보다는 약사가 제게 맞는 직업이라는 것을 알게 되었어요. 일을 하면서 행복감을 느낄 정도로 만족도도 높고요. 어떤 직업을 갖고 그 일을 하는 데 있어 자아실현이나 연봉만큼이나 본인의 만족도도 중요하잖아요. 청소년들이 직업과 진로를 고민할 때 가장 좋지 않은 방법이 나의 적성이나 흥미를 배제한 채 무조건 주위의 바람만을 고려하는 것이라고 생각해요. 요즘은 학교에서 수시로 적성검사를 한다고 들었어요. 그 결과를 토대로 본인이 관심 있는 분야에서 일하는 선배들에게 그 직업에 대해 듣고 함께 이야기하는 것이 꼭 필요하다고 생각해요. 저는 그게 진로를 고민하는 가장 좋은 방법이라고 보거든요. 여건이 되지 않는다면 관련 서적을 찾아 읽는 것도 방법이고요. 진로를 탐색하는 학생들에게 이 책도 많은 도움이 되었으면 좋겠네요.

편 제약회사에서 약사들은 어떤 일을 하나요?

허 약사들은 제약회사가 생산하고 판매하는 의약품을 만드는데 필요한 모든 부분에 걸쳐 일을 하고 있어요. 제약회사 공장은 크게 두 분야로 나뉘는데 바로 생산 분야와 품질보증 분야죠. 이 둘은 마치 수레의 두 바퀴 같아서 각 부분의 견제와 균형, 협력과 조화가 필요해요. 의약품을 잘 만드는 것도 중요하지만 그에 따른 품질보증도 잘 돼야 질병을 예방하거나 치료하는 좋은 약이 나올 수 있으니까요.

의약품을 생산하면 생산 책임자가 한 번, 품질 책임자가 또 한 번 적합 판정을 내려야 도매를 통해 병원이나 약국으로 나갈 수 있어요. 법에 따라 제약회사의 생산 책임자와 품질 책임자는 모두 약사 면허 소지자여야 하고요. 전국에 있는 제약회사의 공장은 2015년 기준으로 278개인데요. 정부 기관에서 그 많은 공장의 생산 공정과 제품 품질을 직접 관리하고 감독할 수는 없기에 자율점검이 필요한데, 국가에서는 이에 적합한 사람을 전문면허가 있는 약사라고 보는 거죠.

이 외에도 약사는 신제품 개발을 위한 연구소에서 신물질 검토와 제제 실험을 해요. 연구실이 신약 개발을 계획하고 실험한다면 개발부는 최종적으로 판매할 약을 골라낸다고 할 수 있어요. 타 회사에서 개발 중인 약들을 찾아내고 그중에 필요한 제품이 있으면 해당 회사와 접촉해 협상을 하고 자회사의 제품으로 판매할 수 있도록 추진하는 업무도 하고요. 신약 개발 동향이나 과정을 모니터링하며 새로 발굴해낸 제품을 회사의 경영진에게 브리핑하고 개발 여부를 최종 결정하게 돼요. 이런 과정을 거쳐 완성된 의약품을 국내 식약처에 허가 신청하는 업무도 진행하죠. 그 외에 복지부 대관 업무, 회사의 지적 재산권 관련 업무도 하고 안전관리 책임자를 두어 의약품 부작용 보고라는 중요한 역할을 하기도 해요.

한 가지 제품이 상품으로 나오기까지는 신물질 검토 단계와 실험을 제외하고도 임상 단계부터 최종 허가까지 15년 정도가 걸려요. 투자되는 비용은 경우에 따라 조 단위에 이르고요. 투입되는 인원이나 비용이 상당하여 쉽게 시작하지 못하지만, 고부가가치를 창출하는 산업이기에 미래에는 대기업뿐만 아니라 국가기반 산업이 될 수도 있어요. 그러니 앞으로 4

신약개발 과정과 성공률

신약 후보물질 탐색	비임상 시험	임상시험(ND)신청	임상 시험			신약판매허가(NDA)신청	시판
			1상	2상	3상		
5,000~1만개	250~10개		9개	5개	2개		1개
				임상시험 단계별 탈락률			
			44%	60%	50%		

기간	~5년	7년	13년	15년

자료: 식품의약품안전처

차 산업혁명 시대에는 약학 분야와 약사가 지금보다 더 많은 주목을 받으리라 확신해요.

언제부터 이 직업이 생겼는지 궁금해요.

편 언제부터 이 직업이 생겼는지 궁금해요.

허 약사藥師라는 글자에서부터 시작해볼까요? '약'이라는 글자는 풀 초艸변과 즐거울 낙樂으로 구성되어 있어요. '풀을 즐기는 것이 약(艸+樂=藥)이다. 또는 풀로 즐거워지는 것이 약이다'라는 뜻이죠. 글자만 보아도 약이란 게 식물이나 천연물에서 시작되었다는 걸 알 수 있죠. 그러면 우리나라 최초의 약사는 누구일까요? 한말에 일본에서 약학을 전공하고 약제사 면허를 취득한 유세환 선생이 우리나라 최초의 약사라고 할 수 있어요. 이후 우리나라에 건립된 약학교육기관인 조선약학교를 1920년에 졸업하고 약제사 시험에 합격하여 약제사 면허 제1호를 획득한 이호벽 선생은 우리나라에서 배출된 공식 약사 제1호라고 할 수 있고요.

역사를 보면 서양의 경우 약 4,000년 전 수메르인들의 점토판이나 기원전 1,550년대 이집트인들의 파피루스에서 약물의 종류와 처방 내용이 기록된 것을 발견했어요. 동양에서는 기원전 250년대에 발간된 약물학 전문 서적인『신농본초경』에 최초로 약용식물들이 수록되어 있었고요. 서기 752년에는 세계 최초의 약국이 바그다드에서 개업했다고는 하는데, 당시는 의사와 약사의 구분이 불분명했죠. 의사와 약사의 직능이 분리된 것은 1240년 신성로마제국의 황제인 프레드리히 2세 때예요. 당시 의사들이 자기들만의 비법처럼 검증되지 않은 약을 팔면서 문제가 되는 바람에 약의 제조나 조제에 관한 관리를 행정적 통제 아래 두게 되면서 약학 분야가 독립되었다고 해요. 근대 약학은 18세기 후반에 시작된 영국의 산업혁명 이후 과학의 발전과 더불어 태동되었으며, 19세기 독일의 약학자인 제르튀르너가 아편에서 진통 작용을 하는 성분인 모르핀을 순수 분리해내면서 생약에서 필요한 성분만을 추출해 약으로 개발해내는 획기적인 진전을 가져왔어요.

약사는 구체적으로 어떤 일을 하나요?

편 약사는 구체적으로 어떤 일을 하나요?

허 약사법 2조 1항에 약사의 정의가 나와 있는데, "약사라 함은 의약품 및 의약외품의 제조, 조제, 감정, 보관, 수입, 판매와 그 밖의 약학 기술에 관련된 사람을 말한다."라고 되어 있죠. 약사는 의약품 및 의약외품과 관련된 모든 행위를 원활하게 함으로서 국민 보건 향상에 기여하는 것을 목적으로 하고 있어요. 의약품은 질병의 진단이나 치료 또는 예방의 목적으로 사용되는 것을 말하며 의사의 처방에 따라 약국에서 조제하는 전문의약품과 약국에서 약사의 조언에 따라 구입하는 일반의약품으로 나뉘어요. 의약외품은 인체에 작용하는 효과가 의약품에 비해 비교적 가벼운 물품으로 마스크나 생리대, 안대, 거즈, 치약, 구강청정제, 탈모방지제, 파리나 모기 기피제, 유인살충제, 콘택트렌즈 관리용품, 소독을 위한 과산화수소수 등이 여기에 해당돼요.

약사법에서 말하는 정의를 바탕으로 약사의 직능을 분류해보면 크게 다섯 가지로 나눌 수 있어요.

첫째, 창약과 관련된 업무예요. 창약이란 약을 연구하고 개발하는 업무를 말해요. 최근 정부에서 발표한 5대 미래성장 동력산업 중에 바이오의약품 개발이 선정된 것을 보면 의약품 개발이 우리나라의 성장 동력에 매우 중요한 산업임을 알 수 있죠. 국가에서는 글로벌 신약 개발을 위해 많은 투자를 하고 있으며, 신약 개발을 하는데 있어서는 약사들이 주도적이고 중요한 역할을 하고 있어요.

둘째, 제약에 관한 업무예요. 창약이 새로운 물질을 개발해 신약을 만드는 것이라면 제약은 기존에 개발되어 있는 약들을 섞는 등 일련의 과정을 거쳐 의약품을 제조하는 것을 말하는데, 기존의 화학약품 생산에서 바이오시밀러까지 그 범위가 확대되고 있어요. 바이오시밀러는 생물의 세포나 조직 등의 유효물질을 이용하여 제조하는 약인 바이오의약품의 복제약으로, 고도의 전문성을 요구하는 의약품이기 때문에 전문기초과학자와 더불어 숙련된 전문약사의 역할이 필수적이죠.

셋째, 용약에 관한 업무예요. 용약은 유통을 통해 생산된 의약품을 환자에게 투약하는 단계의 역할을 말해요. 유통을 담당하는 도매상과 지역사회의 약사 그리고 2, 3차 병원 및 병동에서 입원 환자들의 조제 투약을 담당하는 병원 약사들이 용약 업무를 하고 있죠. 2009년도부터 약학대학 6년제가 시행되었는데 이는 지역 약사 및 병원 약사들의 실무실습 능력을 향상시킬 목적으로 시행되었어요.

넷째, 약무행정과 관련된 업무예요. 보건복지부, 식품의 약품안전청, 보건의료심사평가원, 각 지역 보건소에서도 약사의 역할은 매우 중요한데요. 이와 같은 공공기관에서 의약품의 유통 및 투약과 관련된 일을 하는 사람이 공직 약사예요. 이외에도 국민 보건과 관련된 많은 분야에서 중요한 역할을 수행하고 있어요. 예를 들어 마약류의 생산, 유통, 투약관리, 건강기능식품의 생산, 판매, 화장품 분야 중 기능성 화장품의 연구, 생산, 판매, 동물성 의약품의 생산, 유통관리 등의 업무를 하며 그 밖에도 의료기기 및 농약 관리에 있어서도 일정 부분 약사의 역할이 필요하죠.

다섯째, 교육과 관련된 업무예요. 약사이자 교육자로서 약학대학에서 후학을 양성하는 교수로 일하거나 지역사회에서 약물안전교육을 담당하기도 해요. 건강에 대한 관심이 높아지면서 건강과 관련된 정보가 넘쳐나고 있어요. 수많은 정보 속에서 올바른 정보를 걸러내 전달하고 교육하는 일은 매우 중요하죠. 특히 유, 초, 중, 고등학생 대상의 약물안전교육은 조기에 약물에 대한 올바른 사용법과 위험성을 알려줄 수 있어

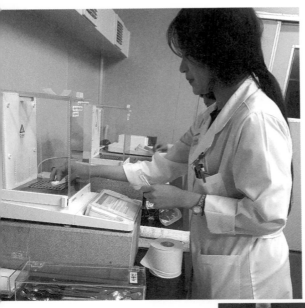

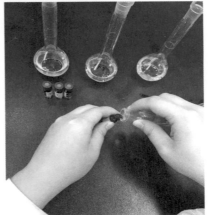

더욱 중요해요. 교육을 통해 약물 남용과 오용, 마약 투약 등을 방지할 수 있으니까요.

이와 같이 약사의 직능 범위는 국민 보건과 관련된 다른 어느 직종의 역할보다 다양하고 광범위하다고 볼 수 있어요. 앞으로는 국민의 보건 및 복지산업의 발전과 확대에 따라 약사의 직능이 더욱더 확대될 것으로 예상되고 있고요.

편 약사가 주로 사용하는 조제 도구에는 어떤 것들이 있나요?

허 먹는 약의 경우 조제 방식에 따라 정제와 산제, 액제로 나뉘어요. 그리고 각각의 경우 사용하는 조제 도구가 모두 다르죠.

우선 정제는 분말상의 의약품을 각각 일정한 모양으로 압축하여 복용하기 쉽게 만든 약이에요. 수동으로 조제할 경우 약포지와 약 주걱, 수동포장기를 사용하죠. 반자동 조제인 경우 반자동 ATCAutomatic tablet counting & dispensing 기기가 필수이며, ATC 조제인 경우 ATC 기기, 캐니스터, 셀로판지, 패트지, 유산지, 리본, STS 페이퍼를 사용해요. 계수 조제 시에는 약 봉투, 약병, 정제를 ½로 자르는데 사용하는 정제분절기(분절가위), 계수대(알약카운터기)를 필요로 하고요.

　　ATC는 프로그램을 통해 처방을 입력하면 그대로 약을 포장하는 기계예요. 그전에 나왔던 반자동기계는 홈 안에 직접 약을 넣고 포장을 했죠. ATC는 빠르게 약을 포장하며, 투약 오류를 줄일 수 있고, 맨손 조제를 방지해서 좀 더 위생적이라는 장점이 있어 각광받고 있어요. ATC를 가동해 놓으면 약사는 반자동기계나 수동기로 다른 환자의 약을 조제할 수 있고요. 이런 식으로 한 사람의 역할을 하기 때문에 주로 처방이 많은 약국에서 사용하고 있죠. 비용을 보면 처음으로 ATC가 도입됐을 때는 5천만 원에서 8천만 원 정도로 비싼 편이었는데 지금은 좀 낮아졌어요. 리스도 가능해져서 예전보다 일반화되었고요.

　　다음으로 산제는 고형의 약제를 갈거나 부숴서 얻은 가루약을 말해요. 산제로 조제 시 저울, 분쇄기, 집진기, 유발, 유봉, (스틱형) 산제 분할기, (반자동) 산제 분할기, (전자동) 산제 포장기를 사용해요.

　　분쇄기는 주방용 믹서기처럼 약을 갈아주는 기구예요. 집진기는 약을 갈다 보면 생기는 먼지를 흡입해주는 기구고요. 분쇄기와 집진기는 의약분업을 하면서 많은 양의 약을 조제하

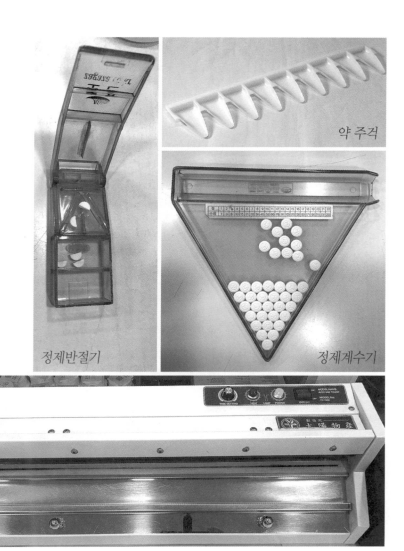

약 주걱

정제반절기

정제계수기

수동포장기

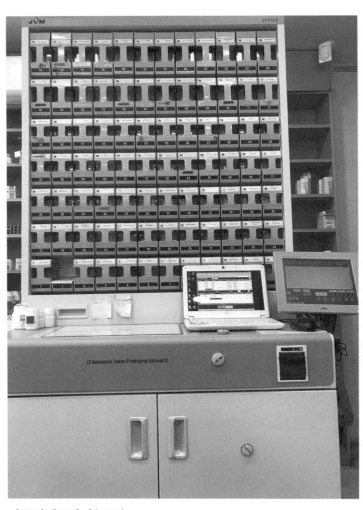

자동정제포장기(ATC)

자동정제포장기(로타리)

면서 생긴 것이고, 그전에는 대게 유발과 유봉을 사용했어요.
유발 안에 약을 넣고 유봉으로 갈아서 썼죠. 이름은 몰라도 약
국의 상징이라고 할 수 있는 사발과 비슷한 유발과 유봉을 본
적이 있을 거예요. 산제 분할기 및 포장기는 자동으로 약을 갈
아 넣은 후 스틱으로 고르게 만들고 분할해 약포지에 담아 접
착까지 해주는 기계예요. 형태에 따라 스틱형, 반자동, 전자동
으로 나뉘고요.

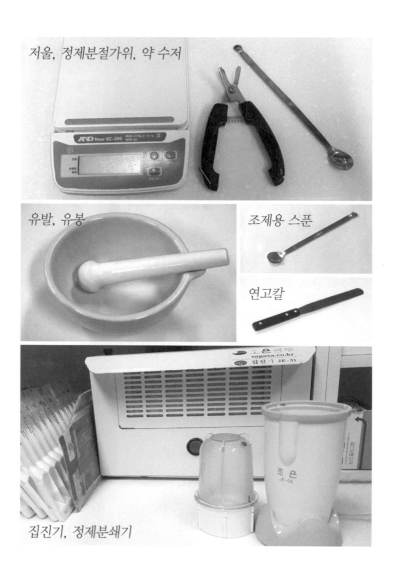

저울, 정제분절가위, 약 수저

유발, 유봉

조제용 스푼

연고칼

집진기, 정제분쇄기

산제분포기

자동산제분포기

마지막 액제는 수용성 액체 상태의 약, 즉 물약을 말해요. 액제 조제의 경우 투약병과 저울, 라벨기(지) 등을 사용하죠. 어린 아이들을 위한 시럽이나 성인들을 위한 가글이 액제의 한 형태예요.

시럽자동분주기

시럽라벨출력기

약사의 남녀비율은 어떻게 되나요?

편 약사의 남녀비율은 어떻게 되나요?

허 현직에 근무하는 약사는 여성이 60%, 남성이 40%로 여성 약사가 더 많아요.

편 여성 약사가 많은 이유가 있을까요? 특별히 여성에게 유리한 점이 있나요?

허 약사의 경우 같은 의료계 종사자인 의사와 비교를 많이 하는데 의사의 경우엔 남성 의사가 여성 의사보다 더 많죠. 2017년도 통계를 보면 여성 의사는 전체의 25%예요. 그 이유 중 하나가 체력인 것 같아요. 의사의 경우 장시간에 걸친 수술이나 야근 등으로 강한 체력을 요하지만 약사는 그에 비해 육체적 업무의 강도가 낮은 편이죠. 상대적으로 병·의원 보다는 편안한 분위기의 약국에서 일을 하고요. 그래서 여성이 더 많이 선호하는 게 아닐까요? 또한 약사의 업무는 세심함을 필요로 하는데요. 모든 여성과 남성이 그런 것은 아니지만, 많은 여성들이 남성에 비해 작은 일에도 꼼꼼하게 주의를 기울여가며 세심하게 일처리를 하기 때문에 이 일에 잘 맞아 보여요.

약사의 수요는 많은가요?

[편] 약사의 수요는 많은가요?

[허] 날로 높아지는 건강에 대한 관심과 건강관리의 중요성을 볼 때 수요는 더 많아질 거라고 생각해요. 그리고 단순히 약사 수의 증가보다는 역할의 증대가 더 필요하다고 보고요. 외국의 경우 건강증진 프로그램을 보면 약사들이 약국에서 약을 짓는 것은 물론 자살 예방 캠페인부터 치매관리까지 국민의 건강을 위해 많은 일을 하거든요. 우리나라도 약사가 그런 역할까지 할 수 있다면 지역 건강수준이 향상될 거라고 봐요. 이를 위해선 약사 수의 증가는 물론 업무 범위의 확대가 꼭 필요해요.

[편] 현역에 있는 약사는 몇 명인가요?

[허] 2019년 약사 면허 취득자는 이미 8만 명을 넘었어요. 하지만 8만 명 중 실제로 약국 등에서 일하며 경제활동을 하는 약사의 수는 정확히 파악하기 어려워요. 다만 통계청에서 실시한 〈2013년 하반기 지역별 고용조사〉 결과를 보면 약 38,200명 정도가 근무하고 있다고 나와 있네요.

이 직업만의 매력과 장점은 무엇인가요?

편. 이 직업만의 매력과 장점은 무엇인가요?

허. 대한민국의 직업관이 크게 전환된 시점은 1997년 IMF 경제 위기를 겪던 시기였어요. 평생직장이란 개념이 사라지고, 뉴스나 신문을 통해 조기 은퇴나 명예퇴직 등의 단어들을 심심치 않게 볼 수 있었죠. 경제성장률이 급속도로 떨어지면서

유치원 원생들의 약국 체험 학습

청년실업률은 상향곡선을 그렸고, 지금까지도 청년들의 실업난은 중요한 사회문제로 자리 잡고 있어요. 청년들의 일자리 창출이 무엇보다 중요한 상황에서 약대 졸업과 동시에 취직을 할 수 있다는 점은 정말 큰 매력이에요.

개인사업자로 약국을 운영할 수 있으며 건강이 유지되는 한 은퇴 시기도 본인이 정할 수 있어요. 전문직으로서 약국뿐 아니라 국민의 건강을 증진하기 위한 여러 기관에서 일을 할 수도 있고요. 연구소, 제약회사, 병원, 공직 등 다양한 곳에서 인간의 질병예방과 치료, 건강한 삶을 위한 약사로서의 역할을 수행하며 큰 보람과 기쁨을 느낄 수 있는 직업이에요.

이 직업의 단점에 대해 알려주세요.

편 이 직업의 단점에 대해 알려주세요.

허 보건복지 분야의 전문인 중에 국민들이 가장 쉽고 빠르게 만날 수 있는 사람이 바로 약사예요. 주거지든 상업지역이든 사람들이 많이 다니는 곳이면 건물 1층에 자리 잡은 약국을 흔히 볼 수 있어요. 그리고 약국 문만 열고 들어가면 바로 약의 전문가에게 약이나 건강식품에 대해 문의할 수도 있고, 건강 문제를 상담받을 수도 있죠. 상담 비용을 지불하지 않고도 말이에요. 약사 입장에서도 환자나 고객에게 상담을 해주고 도움을 주는 것이 큰 보람이고요.

하지만 이렇게 접근성이 좋은 것이 때로는 단점이 되기도 해요. 매너 없는 손님들로 인해 상처를 받기도 하고, 필요 이상의 에너지를 소비하기도 하죠. 노동의 강도는 세지 않더라도 제한된 공간에서 주로 서서 많은 시간을 보내는 일도 쉬운 일은 아니에요. 주말이나 휴일에도 근무를 해야 하고요. 또한 사람의 생명을 다루는 보건의료직은 당연히 많은 규제를 받게 되어 있고 여기서 오는 긴장과 스트레스도 크다고 볼 수 있어요.

Job
Propose 19

미래에도 약사는 필요한 직업인가요?

편 미래에도 약사는 필요한 직업인가요?

허 약사라는 직업의 미래를 논할 때 앞으로 겪을 4차 산업 혁명을 먼저 얘기하지 않을 수 없네요. 4차 산업혁명은 2016 년 세계경제포럼에 등장하면서 알려진 용어지만, 그보다 먼저 2011년 앙겔라 메르켈 독일 총리가 4차 산업형명을 통한 제 조업 혁명을 언급하면서 시작된 개념이에요. 기존의 표준화된 대량생산에서 벗어나 좀 더 개인 맞춤형 생산으로 바뀌면서 그에 맞는 시스템을 국가 주도로 연구하고 준비하는 과정에서 시작되었다고 해요.

4차 산업혁명이 본격화된다면 보건의료 측면에서는 곧 개 인 맞춤형 의료 및 약료서비스 시대가 도래할 것으로 보여요. 제약현장, 병원, 약국에서는 인공지능, 로봇기술, 생명과학과 같은 신기술의 영향이 크게 작용할 것이며, 무엇보다도 기존 의 '약사=조제'라는 중요하지만 단순화된 약사의 직능에도 변 화가 있으리라 생각해요. 심심찮게 들려오는 4차 산업혁명으 로 인해 사라지는 직업들에 관한 이야기는 어디까지나 예상일 뿐이고요.

오히려 4차 산업혁명은 약사로 하여금 조제에 매달리는 시간과 수고를 줄여주고, 소비자 수요의 개인화와 맞춤화, 디지털화를 위해 임상, 연구, 상담 등 본래의 지식 기반 역할을 더 수행하리라고 봐요. 약국이라는 물리적 공간의 제한을 뛰어넘어 찾아가는 약료서비스도 본격화될 것이고, 나 홀로 약국이 아닌 지역사회 약사단체나 다른 보건의료 직능과의 교류와 융합도 가속화될 것으로 예상되죠. 실제로 2019년 1월 정부는 지역사회 통합 돌봄 선도사업, 일명 커뮤니티케어 추진 계획을 발표했는데요. 이는 노인과 장애인, 정신질환자 등 돌봄이 필요한 국민이 요양시설이나 병원이 아닌 살고 있는 집이나 지역에서 필요한 복지 서비스를 받을 수 있도록 주거와 보건의료, 방문의료, 요양 등의 서비스를 통합적으로 지원하는 정책이에요. 그동안 약사들이 지역사회에서 펼쳐온 방문의료나 올바른 약물이용 지원사업이 보다 확대되고 체계화된 것이죠. 이제 약국은 새로운 보건복지의 패러다임인 커뮤니티케어의 한 축을 담당하게 되었으며 약사는 다른 보건 직능과 협력하며 더욱 중요한 역할을 하게 되지요. 또한 전문약료, 맞춤형 약료, 질병예방과 건강증진으로의 역할 확대가 기대되고 있어요. 차세대 성장동력산업으로서 제약·바이오산업의 중요

성은 더욱 부각되어 약사의 역할은 더욱 중요해지리라 생각하
고요.

약사의 세계

약사가 일하는 곳은 어디인가요?

편 약사가 일하는 곳은 어디인가요?

허 약사가 일하는 곳이라고 하면 약국을 떠올리는 분들이 많을 거예요. 맞아요. 일반적으로 약사가 일하는 곳은 약국이죠. 하지만 병원의 약제부, 제약회사 그리고 보건소, 식약처, 보건복지부, 특허청, 기타 국가 연구원과 같은 공직, 대학교에서도 일하고요. 다양성이 시대의 트렌드인 만큼 이 외에도 다양한 곳에서 일하고 있어요. 이를테면 약사가 된 이후에 변호사가 되어 약사 관련 전문 변호사로 활동하기도 하고 변리사나 기자, 증권 애널리스트, 정치인이 되어 본인의 전공을 다른 분야와 융합해 활동하기도 하죠.

편 요즘엔 비슷한 이름의 체인 약국이 많이 보여요.

허 약국을 개설하고 운영하는 데에는 생각보다 많은 시간과 노력 그리고 전략이 필요해요. 약국 인테리어를 어떻게 할지, 일반약품, 건강기능식품, 의료기기, 의약외품, 위생용품은 어떤 것을 구입하고 어떻게 진열할지, 약국 전산시스템은 어떻게 구축할지 그리고 광고나 마케팅은 어떻게 할지 등 한꺼번에 많은 일들을 준비해야 하죠. 이런 복잡한 일들을 표준화하고 정리해서 마치 기성복을 구입하듯이 쉽게 처리해주는 가맹 약국이 2000년 의약분업과 함께 생겨났어요. 가맹점은 본사에 가입비와 보증금, 시설비 그리고 정해진 회비를 내며 본사가 만든 제품들을 일정 금액 구입하기도 하죠. 실제 약국 현황을 보면 가맹 약국보다는 비가맹 약국이 훨씬 많아요. 신규 가맹 약국이 생기긴 하지만 비용 부담 등으로 중도에 가맹 계약을 해지하는 약국도 많아서 약사사회에서 가맹 약국의 비율은 그리 크지 않다고 볼 수 있죠.

편 약사도 국가대표 팀 닥터처럼 국가대표 소속이 될 수 있나요?

허 아직은 국가대표팀에 소속된 약사는 없어요. 여러 여건이 조성되면 앞으로는 가능하겠죠? 이를테면 예산이 지원된다든가, 혹은 예산이 배정되지 않더라도 약사들이 봉사를 통해 참여할 수도 있다고 생각해요. 실제 팀 닥터처럼 지근거리에서 활약하는 약사는 없지만 이번 평창동계올림픽 조직위원회에는 약무위원으로 참여한 약사가 있었어요. 평창과 강릉 등 주요 위치에서 약국 형태의 봉사를 하면서 기본적인 조제와 투약은 물론 금지약물 점검, 대체약 추천, 마약 관리 등의 지원을 했다고 해요. 이와 같은 약무위원의 활동은 IOC 의무 및 과학 책임자에게 찬사를 받으며 이후 개최지인 일본과 중국에도 성공 사례로 전달되었다고 하네요. 이처럼 스포츠약학도 약사의 새로운 역할이 될 수 있어요.

처음 약사가 됐을 때
가장 힘들었던 점은 무엇인가요?

편 처음 약사가 됐을 때 가장 힘들었던 점은 무엇인가요?

허 많은 회사의 신입사원이 겪는 어려움과 비슷한 어려움이 있었죠. 학교에서 배운 것들을 실제 업무에 바로 적용할 수가 없다는 점 말이에요. 지금은 약대가 6년제가 되면서 실제 임상 상담 관련 과목도 늘어나고 약국 실습도 한 학기 전체를 할애하고 있지만 저희 때는 이론 위주의 수업이 많았어요. 졸업 후에 약국에 들어가면 그때부터 선배 약사에게 하나하나 배우면서 일을 시작하다 보니 어려운 점이 많았죠. 예를 들어 학교에서 임상적으로 사용하는 약에 대해 배울 때는 성분명으로 공부했는데, 실제 쓰이는 약은 상품명으로 되어 있어 이 둘을 서로 연결하는 데에도 시간이 필요했죠. 동일 성분의 약이 보통 수십 가지의 이름으로 유통되니까요.

더 어려웠던 건 환자들에게 해야 하는 복약지도였어요. 조제실 안에서 처방에 따라 약을 준비하는 것은 시간이 지나면서 곧 익숙해졌지만 사람을 대하는 일은 꽤 어려웠죠. 어디서부터 어떻게 설명해야 할지 난감했고, 환자의 갑작스런 질문에 대처하는 것도 만만치 않았어요. 특이한 성향의 환자를 만나면 애를 먹기도 했고요. 그런 신입 약사 시절, 잠을 잘 때면 밤새 잠꼬대로 복약지도를 했어요. 꿈속에서 손님과 실랑이를 벌였는지 어머니가 아침밥을 차려주시며 제 모습을 흉내내셨던 기억도 나네요. 지금은 웃으며 얘기할 수 있지만 그땐 정말 힘들었어요.

약사 생활을 하면서 가장 기억에 남는
순간은 언제였나요?

편 약사 생활을 하면서 가장 기억에 남는 순간은 언제였나요?

허 2017년에 〈오감도TV〉라는 의사와 약사의 대국민 정책 방송을 시작했어요. 2000년에 시작한 한국의 의약분업이 이제 20년이 되어가고 있는데, 의약분업 이후 의사와 약사의 대화 단절이 심각하다는 점이 늘 아쉬웠거든요. 둘의 대립과 반목은 의사와 약사 모두에게 도움이 되지 않아요. 하지만 그것보다도 중요한 건, 그들의 대화 단절이 국민을 위한 올바른 의약정책을 만들어내는 데에도 큰 장애가 되고 있다는 것이죠. 그래서 뜻이 통하는 의사, 약사들과 국민을 위한 정책 방송인 〈오감도 TV〉를 기획하고 진행하게 되었어요. 낮에는 일하고 밤늦게 스튜디오에 모여 촬영한 후 짬짬이 시간을 내어 편집하고 방송을 내보내는 과정은 무척 힘들어요. 그렇지만 아무도 시도하지 않았던 쉽지 않은 그 길이 국민보건복지에 기여하고자 하는 선한 의사와 약사들의 목소리가 되리라 확신하기에 최선을 다하고 있죠. 〈오감도TV〉가 최근 포맷을 수정하면서 지금은 〈의약썰

전)이라는 새로운 이름으로 진행되고 있는데요. 이 방송을 준비하고 진행할 때가 약사로서 일을 하면서 가장 의미 있고 행복한 시간이 되고 있어요.

편 약국을 찾는 환자들은 주로 어떤 이유로 방문하나요?
허 약국의 방문 목적 중 가장 큰 부분을 차지하는 것은 처방전을 가지고 약을 조제하러 오는 경우예요. 70% 정도가 그렇죠. 나머지 20%는 일반의약품 등 본인이 필요한 제품을 구입하는 경우고, 10%는 본인의 건강 관련 상담을 하러 오는 경우예요. 물론 이 비율은 약국의 위치나 사정에 따라 조금씩 다르겠죠.

편 기억에 남는 환자가 있나요?

허 제약회사의 개발부에 근무할 때였어요. 회사에 지속적으로 전화를 하는 통풍 환자가 있었는데, 무척 신경질적이어서 모든 직원들이 이 분과의 상담을 꺼리게 되었죠. 입사 후 우연히 이 분의 전화를 받게 되었고, 한 시간 가까이 상담을 했어요. 통풍은 병의 이름에서 느껴지듯이 바람만 불어도 아프다고 할 정도로 통증이 극심하죠. 그렇다 보니 오랫동안 앓게 되면 사람의 성격도 변하는 거 같아요. 이 환자 역시 10년 넘게 통풍을 앓다 보니 무척 예민했고 쉽게 화를 냈어요. 신입이기도 했지만 다른 사람들보다 늦은 나이에 약대를 졸업하고 철이 좀 들어서인지 그분을 진심으로 위로하고 마치 내 가족이 아픈 것 마냥 친절하게 대했죠. 호칭도 친근하게 아버님이라 부르며 그분의 고통을 헤아리고 그 심정을 이해하려 애썼어요. 그분은 10년이나 병을 앓다 보니 통풍에 관해서는 전문가 수준으로 알고 계셨어요. 그런 분에게 제가 더 알려드릴 정보

는 없었죠. 그저 공감하고 찾아 달라는 자료를 성심껏 찾아서 답변했던 것이 마음에 드셨나 봐요. 그 이후로 그분은 저만 찾으셨어요. 그동안 신경질을 내고 소리를 지르던 분이 저와 통화만 하면 다른 사람이 되었고 고맙다는 얘기도 자주 하셨죠.

그 외에도 약국을 옮겨도 계속해서 연락을 하며 건강 상담을 하는 분, 고맙다며 직접 제배한 과일을 계절마다 보내주는 분, 새해에 첫 방문을 해서 덕담을 해줬던 분, 오히려 저의 안색을 걱정해줬던 분 등 많은 분들이 기억에 남아있어요. 그

분들을 생각하면 마음이 따뜻해져요. 보통 약사와 약국을 생각할 때 단순히 약을 조제하고 판매하는 단편적인 부분만 보는 분들이 많아요. 하지만 약국이라는 자그마한 공간이 저에겐 가끔 소우주처럼 느껴져요. 업무도 세분화하면 일반 회사와 다를 바 없고요. 보통 건물의 1층에 자리하기 때문에 접근성이 높아 자연히 많은 사람들이 쉽게 드나들어 생각지도 못한 일들이 많이 일어나거든요. 단골이 되면 가족보다도 더 자주 만나며 가깝게 지내기도 하죠. 그래서 예전부터 약국이 동네 사랑방이라는 별칭도 있었던 거겠죠.

약사의 일과는 어떻게 되나요?

편 약사의 일과는 어떻게 되나요?

허 각 약국의 사정에 따라 약사의 일과는 모두 다르겠죠. 저의 경우 평일에는 8시 30분에 출근해요. 9시까지 직원과 함께 약국 정리와 간단한 청소를 하고, 어제 조제한 약 중에 빠트린 약이 있으면 주문도 하죠. 9시에서 1시까지는 아침 처방약 조제 및 일반약 상담과 판매를 해요. 전문약이 필요할 때는 주문

도 하고요. 1시부터 2시까지는 점심 식사를 하죠. 2시부터 6시까지는 오후 처방약 조제 및 일반약 상담과 판매를 해요. 저녁 6시부터 퇴근할 때까지는 의약품 재고를 확인한 후 필요한 게 있으면 주문을 하고, 처방전 입력이나 조제한 약품에 오류나 실수가 없었는지 검토를 하며 마무리해요. 이후 약국 문을 닫고 약사회 회의나 심포지엄, 스터디 모임에 참석하죠. 그 후 밤늦게 귀가하면 책을 읽거나 칼럼을 쓰고, 방송 출연도 해요. 그동안 각종 칼럼을 써왔는데, 현재는 약사전문지 약사공론에 〈라이브 팜메드 잉글리시〉를 연재 중이에요. 현재 출연하고 있는 방송은 의사와 약사의 대국민 소통 채널인 〈의약썰전〉이고요.

시간이 날 때는 어떤 일을 하나요?

편 시간이 날 때는 어떤 일을 하나요?

허 미국의 자동차 왕 헨리 포드가 한 명언 중에 "휴식이 없는 자는 브레이크 없는 차와 같다."는 말이 있죠. 쉬는 날에는 가족과 함께 시간을 보내고 부족한 잠을 보충하며 피로를 풀어요. 종종 심야영화나 조조영화를 보러 가기도 하고요. 대형 서점에 들러 3~4시간을 들여 책 한 권을 읽고 오는 것도 좋아하는 일 중 하나예요. 살아가면서 중요한 일 중에 하나가 바로 스트레스를 해소할 수 있는 출구를 만드는 것인데요. 저는 워낙 운동을 좋아해서 그 출구로 운동을 이용했어요. 그런데 요즘은 운동할 틈을 내지 못하고 있죠. 스트레스 해소가 중요하다는 걸 절실히 느끼는데도 시간을 내지 못하는 것이 지금 제자신에 대한 가장 큰 불만이에요. 그래서 최근에는 여유시간에 따른 저만의 스트레스 해소 패턴을 정해보았어요. 적은 시간이라도 스스로에게 마음의 여유를 주기 위해 생각해낸 것인데요. 따로 낼 시간이 없다면 잠을 충분히 자고, 조금 여유가 생기면 집 앞 산책과 같은 운동을 해요. 그보다 더 여유가 생기면 서점에 들르거나 책을 보고, 꽤 긴 시간이 비게 되면 여

행을 가죠. 그리고 최적의 여건이 되는 때 글을 쓰거나 그림을
그리거나 작곡에 도전하는 등 창의적인 활동을 통해 스트레스
를 해소하는 거예요. 글이나 시를 쓰는 것을 좋아해서 이런 활
동을 하다 보면 마음이 정화되는 기분이 들어요. 여러분에게
예전에 썼던 시 한 편을 소개해드리고 싶네요.

나무

허지웅

나무를 볼 땐 끝을 봐
뿌리에서 곧게 올라가
최정점을 이룬 곳
언제나 살랑살랑
바람이 불고 있어
그곳엔 하늘이 있고
구름이 있고
꿈이 피어나
나무를 볼 땐
밑동만 보지 말고
끝을 봐

일을 잘 수행하기 위해 노력하고 있는 것이 있나요?

편 일을 잘 수행하기 위해 노력하고 있는 것이 있나요?

허 이 일을 하는데 체력은 중요한 요소예요. 그래서 매년 새해 계획을 세울 때면 꼭 규칙적인 운동을 하자고 다짐하죠. 실천은 잘 못하지만요. 영어는 학창시절 제일 좋아하는 과목이었는데 졸업 후에 사용할 일이 많지 않아 지금은 쉬운 단어의 철자도 어떤 때는 기억이 나지 않더라고요. 그래서 조금씩이지만 꾸준히 영어공부를 하고 있어요. 그리고 일을 잘 수행하기 위해서는 '선택과 집중'을 적절히 안배할 줄 알아야 하는데

요. 모든 일을 다 할 수도, 다 잘할 수도 없으니 선택을 하는
데 있어 신중하고, 선택한 일을 할 때 집중력을 잃지 않도록
노력하고 있어요. 공부 역시 같은 방법으로 하면 좋은 결과를
얻을 때가 많죠.

약사이기 때문에 겪는 애로 사항이 있나요?

편 약사이기 때문에 겪는 애로 사항이 있나요?

허 약국에 오는 분들은 대게 아픈 분들이죠. 그러다 보니 웃으면서 약국에 내방하는 분들은 드물고, 온몸에 병색이 완연하거나 통증이나 스트레스로 인해 찌푸린 얼굴로 내방하는 분들이 많아요. 그런 분들을 보면 로마시대의 풍자시인 유베날리스가 했던 '건강한 신체에 건전한 정신'이라는 말이 생각나곤 해요. 몸이 아파 치료를 받고 약을 먹었는데도 쉽게 낫지 않는 분들 중에는 점점 예민해지거나 신경질적으로 변하는 분들이 종종 있어요. 그런 변화를 보면서 몸이 아프다 보면 마음과 정신도 아프게 되는 게 아닐까 하는 생각이 들어요. 반면 긍정적인 생각과 행복한 마음을 갖는 것은 치료 효과를 높이는 것 같고요.

그래서 단골 고객에게는 '행복한 마음에 건강한 신체' 이야기를 자주 하죠. 또한 내방하는 모든 고객들에게 항상 친절과 미소로 대하는 것이 그분들의 긍정적인 마인드 컨트롤에 도움이 된다고 생각해서 밝은 모습을 보이기 위해 애쓰고 있죠. 그렇게 일하다 보니 일종의 과중한 감정노동을 하게 돼요.

이런 식의 스트레스는 좋아하는 취미활동이나 운동 등을 하며 어느 정도는 스스로 해소하는 것이 중요한데, 그런 시간을 따로 마련한다는 게 쉽지만은 않아요.

편 약을 많이 만지실 텐데 피부에 문제는 없나요?

허 약이란 게 화학약품의 일종이라 맨손 조제로 인해서 오염이 될 수도 있어 최근에는 의료용 장갑을 끼는 약사들도 있어요. 항암제 같은 경우는 반복적으로 만지기만 해도 감염되거나 면역 질환에 문제가 될 수 있거든요. 실제로 전립선 약 중에는 피나스테리드라는 남성호르몬을 억제하는 성분이 들어가는데요. 이를 함유한 가루를 가임 여성이 만졌을 경우 기형아를 출산할 수 있으며, 어린 아이, 특히 여자 아이가 이 가루와 접촉을 하면 성장에 문제가 생길 수 있어요. 잘못 다루면 굉장히 위험한 약이죠. 약사는 그러한 위험을 잘 파악해서 안전에 만전을 기하고 있어요.

일을 하면서 받는 스트레스는 어떻게 해소하나요?

편 만병의 근원은 스트레스라는 말을 많이들 하잖아요. 일을 하면서 받는 스트레스는 어떻게 해소하나요?

허 가족이나 친구들과 즐거운 시간을 보내는 것과 좋아하는 일을 하는 것이 제 스트레스 해소법이에요. 저는 음악과 미술, 영화, 여행을 좋아하는데, 그중에서도 여행을 가장 좋아해요. 스트레스를 푸는 방법인 음악과 미술, 영화 모두가 여행이라는 범주 안에 들어있다고 생각하거든요. 여행지에서 듣는 음악은 평소와는 다른 울림을 주죠. 아름다운 미술관과 오래전 영화를 상영해주는 작은 시네마테크를 방문하는 일도 즐겁고요. 자연의 아름다운 풍경이나 낯선 사람들을 보며 익숙했던 것들을 잊고, 몸과 마음을 일상의 틀에서 떼어 놓는 것만으로도 빠른 속도로 회복되죠. 신기하게도 여행은 시간이 지나면 다시 원래의 자리로 돌아가고 싶게 만드는 묘한 마력이 있지만요. 그래서 그런지 여행을 다녀오면 평범한 일상을 더 열심히 살게 되죠.

편 그만두고 싶을 때는 없었나요?

허 반복되는 감정노동으로 지치고 힘들 때마다 마음에 쉼표를 새겨 넣지 않으면, 그만두고 싶다는 마침표 생각이 들 거라고 생각해요. 다행히도 저는 힘들 때마다 새로운 일을 찾아 도전하며 스스로 긴장하게 했고 그로 인해 활력을 되찾았어요. 여러분도 쉼표가 필요한 시기에는 꼭 쉬는 시간을 갖거나 저처럼 새로운 일을 시작해보세요. 꼭 거창한 것이 아니더라도 말이에요. 살다 보면 생각지도 않은 작고 사소한 것에서도 깨달음을 얻는 순간이 있고 그것이 삶의 위안과 평화를 가져다주기도 하니까요.

약사는 국내보다는
해외에서 더 좋은 대우를 받나요?

편 약사는 국내보다는 해외에서 더 좋은 대우를 받나요?

허 대우의 기준이 경제적인 것이라면 다른 나라의 약사가 절대적으로 좋다고 할 수는 없어요. 약사의 수입은 나라마다 조금씩 다르니까요. 경제적인 면이 아니라 사회 구성원으로부터 받는 신뢰와 존경 측면에서 보면 약사라는 직업은 해외에서 더 좋은 대우를 받고 있는 것이 확실해요. 실제 미국의 경우 신뢰받는 직업 1위나 2위에 약사가 자주 언급되곤 해요. 세계에서 약사의 역할과 직능이 가장 확대되어 있는 캐나다의 경우는 다년간 신뢰받는 직업 1위에 약사가 랭크되어 있고요.

외국의 약국에서는
어떤 서비스를 하는지 궁금해요.

편 미국 약국의 예방접종 기능, 독일의 단골 약사와의 협력을 통한 가정 약사제도, 일본의 약사를 통한 방문 재택 약료 서비스가 있다고 들었어요. 외국의 약국에서는 어떤 서비스를 하는지 궁금해요.

허 세 나라 외에도 여러 나라에서 약국은 질병의 예방과 관리를 위해 건강관리 시스템에 통합되고 있으며, 셀프케어 서비스 제공에 대해 적절한 보상을 받고 있거나 그런 방향으로 변화하는 추세예요. 우리의 경우 정부 차원의 건강증진사업에서 여전히 소외되고 있지만, 해외 약사들은 이미 정부 차원의 제도적, 정책적 지원을 받고 있으며 건강증진사업의 핵심으로 자리 잡아가는 중이죠. 그들의 모습을 보며 머지않아 우리나라의 약국과 약사의 역할도 더 커지지 않을까 생각해요.

독일의 단골 의사와 단골 약사 협력을 통한 '가정약사제도'에 관한 질문을 하셨는데, 우선 독일이 포함되어 있는 PGEU^{Pharmaceutical Group of the European Union} 소속 국가의 약국 모습에 대해 얘기해볼게요. PGEU는 유럽연합약제단체의 약자예요.

지역사회 약사들이 다양한 약료 프로그램과 건강정보, 건강증진 캠페인, 정보수집 활동 등을 통해 공공보건에 대한 역할의 중요성에 대해 강조하고 있죠.

독일뿐만 아니라 영국도 이미 건강증진서비스 사업에서 약국 활용이 보편화되어 있어요. 약국은 의약품의 안전하고 효과적인 사용과 만성질병 복약관리, 경질환 관리 등에서 중심이 되고 있죠. 국가에서는 편리한 위치, 오랜 개업 시간, 많은 방문자, 예방 가능한 건강한 방문자 등의 요인을 들어 약국을 건강증진사업의 핵심으로 인식하고 있다고 해요. 구체적으로 영국의 약국은 조제리필제도, 폐의약품 회수와 폐기, 기본적인 질병 설명 등 기본 업무 외에 환자 중심의 의약품 사용 검토와 처방 중재 서비스, 지역 주민의 요구에 부응하는 질병 스크리닝, 항응고제 모니터링, 금연, 비만, 음주, 학교 약물관리 등의 사업을 수행하고 있어요.

독일은 단골 의사와 단골 약사 협력을 통한 '가정약사제도'로 유명한데요. 독일의 가정약사제도는 크게 두 가지로 나뉘어요. 하나는 약력관리죠. 가정 약국으로 계약을 하면 약사는 약력관리에 대한 수당을 제공받으며 환자의 모든 투약 내용을 파악할 수 있어요. 이를 통해 이상반응 발견 및 안전성

모니터링이 가능하죠. 또 하나는 건강증진서비스예요. 만성질환, 노인 약료서비스를 제공하는 것인데 가입자들은 신뢰하는 주치의와 단골 약국을 직접 선택할 수 있고 참여 환자에게는 본인부담금 경감의 혜택이 있어요.

　미국의 약사들은 약물치료관리 외에 금연과 천식 관리, 예방접종 등의 역할을 하고 있어요. 미국 약사들은 금연 프로그램 다섯 가지 행동지침, 천식 행동지침, 예방접종 수행 및 장려행동지침 등을 숙지하며 조제수가 외에 별도의 보상을 받고 있죠. 미국에서는 약사가 백신주사를 놓는 것을 두고 약사가 의사의 영역을 뺏는다고 보지 않아요. 오히려 의료비용이 내려가 결국은 국민 보건 증진에도 도움이 된다고 보죠. 이러한 미국 약사의 예방접종 기능은 우리나라에서도 눈여겨볼 대목이라고 생각해요.

　얼마 전 필리핀을 방문했는데요. 필리핀도 약국에서 백신접종을 하고 있었어요. 백신 접종을 약사가 하다 보니 의사는 더 큰 질환에 집중할 수 있게 되죠. 이런 외국의 사례를 보면서 현재 우리나라 보건의료 중 상당 부분이 지나치게 의사 중심으로 운영되고 있지 않나 생각해보게 되었어요.

　일본은 약사를 통한 방문 재택 약료서비스가 한창이죠.

지역 약국 네트워크에 소속된 약사가 환자 집을 방문해 스마트폰으로 환자의 임상자료 및 처방을 확인하고 연하곤란음식물이 입에서부터 위로 통과하는데 장애를 받는 느낌이 있는 증세 환자의 용법 변경, 중복 처방 등 메디케이션 에러 확인, 장기처방의 경우 리필 조제, 남은 약 등 폐의약품 수거 등을 수행하게 되는데요. 약사의 방문 후 작성된 약료보고서는 의사에게 바로 전송되어 의사의 치료 계획 수립에 반영되고 환자 치료 효과 개선으로 이어지고 있어요. 상호 협력하고 보완하는 시스템이죠. 일본 약사들은 방문 약료 수가도 받아요. 수가에는 재택 환자 방문 약제관리지도사업비, 재택 환자 긴급 방문 약제관리지도료, 재택 환자 응급공동지도료, 재택 환자 중복 투약 및 상호작용 등 방지관리료 등이 있는데, 1회 방문에 평균 30분이 소요되고 10%의 환자부담금을 포함해 5,500엔(5만 5,000원) 정도의 수가를 받고 있다고 해요.

전문가들은 해외의 건강증진사업 약국 참여 확대는 약사를 위해 시작되지 않았다고 입을 모으고 있어요. 정부 차원에서 전문 인력을 배치하고 효율적으로 운영하는 것이 국가 경제와 보건복지에도 도움이 된다고 생각하죠. 즉 고령사회에 따른 약제비 지출 증가, 재정 부담 해소 등을 위해 약사들의 질병예방 활동과 약력관리 등이 절대적으로 필요해졌기 때문이라는 얘기예요.

캐나다의 경우 약사의 역할은 더욱 확대되었어요. 캐나다 약사에게는 처방권이 있죠. 주마다 약사에게 주어지는 처방권은 각각 다르지만 브리티시컬럼비아주나 앨버타주의 약사들은 Emergency Prescribing, Renewal, Adaptation이라는 세 가지 처방권이 있으며, 앨버타주의 경우 1년 이상 경력이 있고 APA^{Additional Prescribing Authorities}를 취득한 약사에 한해 특정 규제약물과 마약류를 제외하고는 모든 약을 처방할 수 있는 권한이 있어요. 물론 그에 따르는 책임도 약사의 몫이죠. 막중한 책임감이 따른다는 것을 본인이 알기 때문에 처방은 꼭 필요한 경우에만 이루어져요. 혈압약을 분실한 환자에게 혈압약을 리뉴얼해준다거나, 말라리아 지역으로 여행 가는 사람에게 항말라리아제를 처방해준다거나, 대상포진이 두려운 55세 이상의 환자에게 대상포진 백신주사를 처방해줄 수 있죠. 이러한 처방이 이루어지면 약사는 세부사항을 모두 문서에 기록으로 남겨야 해요. 혈압약을 리뉴얼해주었으면 오늘 혈압 측정값은 몇인지, 다른 약을 먹는 것은 없는지, 후속 조치는 어떻게 할 것인지 등을 자세하게 기록해야 하죠.

Emergency Prescribing

땅콩 알레르기가 있는 환자가 아나필락시스^{Anaphylaxis, 항원-항체 면역 반응이 원인} 이 되어 발생하는 급격한 전신 반응로 약국에 뛰어와서 도움을 요청하는 경우 환자에게 처방전을 요구할 수는 없는 일이죠. 이런 응급상황의 경우 약사는 환자의 체중을 확인하고 자가주사용 에피네프린인 에피펜을 용량에 맞게 처방해요. 에피펜은 아나필락시스가 오고 몇 분 내에 빨리 투여해야 하는 약이라 약사가 처방전을 쓰고 환자에게 줄 수 있죠. 천식 환자에게 꼭 필요한 벤토린도 같은 경우고요.

Rx Renewal

리뉴얼은 약국에서 흔히 다루는 사례예요. 예를 들어 암로디핀 5mg을 1년째 먹고 있는 고혈압 환자가 있어요. 이 환자가 약병을 잃어버렸거나 장거리 출장을 왔는데 혈압약이 떨어진 경우 약사는 유지요법으로 약사 이름 아래 처방을 해줄 수 있죠.

Adaptation

의사의 처방 용량이 환자의 몸무게나 나이, 신장 능력과 맞지 않을 때, 약사가 적정 용량을 다시 계산해서 처방을 바꾸는 경우를 말해요. 혹은 복용법을 잘못 낸 경우도 그렇고요. 예를 들어 특정 약은 하루 한 번 먹는 용법인데 하루 두 번 먹는 것으로 냈다면 약사는 다시 하루 한 번으로 처방을 바꾸죠.

약사로서 성취감을 느끼는 순간이 있나요?

編 약사로서 성취감을 느끼는 순간이 있나요?

許 환자에게 올바른 정보를 제공하거나 상담을 해줌으로써 그분들의 고통이 줄고 질환이 개선되었을 때 가장 큰 보람과 성취감을 느껴요. 환자들도 정말 기뻐하고요. 그리고 요즘 초, 중, 고등학교 학생들을 대상으로 한 청소년 약물안전사용교육 강의를 나가고 있는데요. 약의 특수성 즉 '잘 쓰면 약, 잘못 쓰면 독'이라는 양면성에 따라 약의 올바른 사용법과 부작용, 주의할 점, 안전한 보관과 폐기법, 마약류에 대한 위험성 등을 교육하고 있어요. 이런 교육은 약국에서의 직접 투약과 복약지도 못지않게 중요하다고 생각해요. 학생들에게 약물 오·남용의 위험을 알리고 안전하고 올바른 의약품 사용법을 알리다 보면 큰 보람을 느끼게 돼요.

약물은 좁은 의미에서는 의약품을 말하지만 넓은 의미에서는 우리 인체에 적용되었을 때 정신적, 신체적 변화를 가져오는 모든 물질을 총칭하죠. 그렇다면 넓은 의미에서 카페인도 약물의 일종인데요. 학생들이 카페인 음료를 너무 쉽게 생각하는 경향이 있어 이를 주제로 한 강의를 종종 하고 있어요.

학생들에게 카페인 권장량을 알려주면 본인이 그것보다 훨씬 많은 양을 섭취하고 있다는 사실에 놀라곤 하죠. 카페인은 뇌의 관문을 통과하기 때문에 수면을 관장하는 아데노신이란 물질을 억제하게 되는데, 이로 인해 일시적으로 잠을 쫓아 공부하는 학생들이 많이 이용하고 있어요. 처음에는 잠을 쫓아주니 도움이 되는 것 같지만 카페인에 중독되면 더욱더 많은 카페인을 마시게 되고, 몸은 더 많은 아데노신을 만들게 되어 오히려 우리 몸을 더 피곤하게 만들죠. 또한 카페인은 위산 분비를 촉진해 속 쓰림과 같은 위장장애를 일으키고 칼슘 흡수를

방해해 성장기 청소년에게 더욱 좋지 않아요. 그러니 너무 졸리면 쉬는 시간에 잠시 잠을 자거나 가벼운 산책 등으로 신선한 공기를 마시는 것을 추천해요.

가정에서 주의할 점도 이야기해주는데요. 기본적인 위생과 청결을 잘 지킨다고 생각한 학생에게 약을 먹을 때 어떻게 복용하는지 물어요. 그럼 대부분은 약을 손에 덜어 먹는다고 하죠. "왜 먹기 전에 손을 안 씻죠? 몸이 아파서 약을 먹으면서 온갖 균들이 가득한 손으로 약을 먹으면 약을 먹는 건가요? 균을 먹는 건가요?" 하고 다시 질문하면 졸던 학생들도 재미

있어하며 강의에 집중해요. 그때 오늘 집에 돌아가면 약을 보관하는 장을 정리하라고 당부하죠. 사용기간이 지난 약은 바로 폐기해야 하니 폐기방법도 알려주고요. 무언가 본인이 할 수 있다는 것을 안 학생들의 눈빛이 달라지는데, 그런 학생들을 마주할 때마다 정말 뿌듯해요.

이처럼 가정에서는 병원 조제약뿐 아니라 상비약이나 영양제, 건강기능식품까지 다양한 약을 사용하고 있어요. 그렇지만 정확한 용법이나 약 복용 시 주의사항, 약의 올바른 보관과 안전 폐기 등과 관련된 체계적인 교육 기회가 없었던 탓에 우리나라의 약물 오·남용 실태는 심각한 편이죠. 무엇보다도 학창시절 약물에 대한 교육은 한창 성장해야 하는 학생들을 약물 오·남용으로부터 보호해줘요. 또한 어렸을 때의 기억은 오래 남아 성인이 되어서도 안전하게 약물을 사용할 수 있으며 마약으로부터 안전한 나라를 만드는 기초가 된다고 생각해요. 그래서 이런 교육을 할 때마다 뿌듯하고 보람 있어요.

약사를 꿈꿨던 때와 실제 약사가 된 후
가장 크게 달라진 점이 있을까요?

편 약사를 꿈꿨던 때와 실제 약사가 된 후 가장 크게 달라진
점이 있을까요?

허 약대를 다닐 때는 외워야 할 내용이 너무 많아 정말 힘들
었어요. 밤을 새워 하는 실험도 있었고요. 그때는 당장 눈앞
의 시험만 잘 치루면 끝이겠지 하는 생각이 있었어요. 하지만

막상 졸업을 하고 현장에 나와 보니 학교에서 했던 공부는 빙산의 일각이었죠. 지속적으로 새로운 정보를 접하고 공부하고 연구해야만 약사라는 직능을 수행할 수 있다는 것을 깨달았어요. 지금은 정보의 홍수 시대라고 하죠. 약학 분야도 마찬가진데요. 그 많은 정보 중에는 오류도 많고, 일반인이 이해하기 어려운 것들도 많아요. 오류는 걸러내고 어려운 것은 쉽게 풀어 환자들에게 알려주기 위해서는 끊임없이 공부해야 해요. 직업의 특성상 평생 공부는 당연한 것이지만 약학적 지식보다 더 중요한 것이 있다는 것을 졸업 후 현장에서 깨닫게 되었어요. 환자와 고객 한 분 한 분을 대할 때 그분들의 마음까지 헤아려야 진정한 약사가 될 수 있다는 것이죠. 이를테면 고혈압 환자에게 정확한 약 설명을 하는 것도 중요하지만 오랫동안 같은 약을 복용하는 환자에게 매번 같은 안내를 하기보다는 지난번 약국에서 있었던 에피소드를 기억해 얘기한다거나 자연스럽게 알게 된 가족들의 안부를 묻는 거예요. 그런 사소해 보이는 행동이 환자를 기쁘게 하고 그분들의 마음을 편하게 해 복약순응도도 높이고 상호 신뢰에서 오는 치료 효과도 커질 수 있으니까요.

약사가
되는 방법

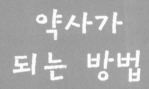

약사가 되는 과정과
약사국가시험에 대해서도 알려주세요.

편 약사가 되려면 어떤 과정이 필요한가요?

허 약사가 되기 위해서는 대학의 약학과를 졸업하고 한국보건의료인국가시험원의 약사국가시험에 합격해야 해요. 응시자격을 보면 약학대학을 졸업하고 약학사 학위를 받은 자이거나 보건복지부장관이 인정하는 외국의 약학대학을 졸업하고 외국의 약사 면허를 받은 자여야 하죠. 정신보건법에 따른 정신질환자, 금치산자, 한정치산자, 마약이나 유독물질 중독자, 약사에 관한 법령을 위반한 자 등은 시험에 응시할 수 없는데요. 단 정신질환자 중 전문의가 약사에 관한 업무를 담당하는 것이 적합하다고 인정한 사람은 예외예요.

편 학원을 다녀야 하나요?

허 약사국가시험에 합격하기 위해 따로 학원에 다닐 필요는 없어요. 학생들은 보통 6학년이 되면 도서관에 모여 공부하며 준비하죠. 같이 공부하면 정보를 공유할 수 있어 좋거든요. 함께 공부도 하지만 선배로부터 자료를 받기도 하고 각 대학별

정보를 서로 주고받아요.

시험 과목

시험 과목 수	문제 수	배점	총점	문제 형식
4	350	1점/1문제	350점	객관식 5지선다형

시험 시간표

구분	시험과목 (문제 수)	교시 별 문제 수	시험 형식	입장 시간	시험 시간
1교시	생명약학 (100)	100	객관식	~08:30	09:00~10:30 (90분)
2교시	산업약학 (90)	90	객관식	~10:50	11:00~12:25 (85분)
점심 시간 12:25~13:25 (60분)					
3교시	임상 · 실무약학1 (77)	77	객관식	~13:25	13:35~14:50 (75분)
4교시	임상 · 실무약학2 (63) 보건 · 의약관계법규 (20)	83	객관식	~15:10	15:20~16:35 (75분)

※ 보건 · 의약관계법규: 「약사법」, 「마약류 관리에 관한 법률」, 「국민건강증진법」, 「보건의료기본법」,
　　「국민건강보험법」, 「지역보건법」과 같은 법 시행령 및 시행규칙

최근 5년간 약사 국가시험 합격률 추이

회차	응시자 수(명)	합격자 수(명)	합격률(%)
2023년(제74회)	2,014	1,887	93.7
2022년(제73회)	1,993	1,840	92.3
2021년(제72회)	1,920	1,748	91.0
2020년(제71회)	2,126	1,936	91.1
2019년(제70회)	2,106	1,896	90.0

약학 석·박사 학위를 받으면
약대를 나오지 않아도 약사가 될 수 있나요?

편 약학 석·박사 학위를 받으면 약대를 나오지 않아도 약사가 될 수 있나요?

허 대학원에서 약학 석사나 박사 학위를 받았다 하더라도 약학대학을 졸업하지 않으면 약사국가시험에 응시할 수 없어요. 그래서 약학 박사 중에는 약사가 아닌 사람도 있어요. 박사학위를 받고 교수를 하거나 연구직에 있는 사람들 중 일부가 그렇죠.

나이 제한이 있나요?

편 나이 제한이 있나요?

편 나이 제한이 있나요?

허 나이 제한은 따로 없어요. 약대의 학과 커리큘럼을 보면 여러 학문을 배우게 되어 있어요. 또한 후에 실제 환자를 대함에 있어서도 단순한 지식의 전달만이 아닌 다른 주제로도 많은 대화를 나누게 되죠. 따라서 다른 분야를 전공하고 다른 직업을 경험한 분들이 다시 약학을 공부하여 약사가 되는 것은 환자와의 상담에서 장점으로 작용할 수도 있다고 생각해요.

군대에서도 약사를 할 수 있는 길이 있나요?

 군대에서도 약사를 할 수 있는 길이 있나요?

 공식적으로 2017년 6월에 전문의무병제도가 시행되었고, 6월에는 15명이 7월에는 10명이 약제의무병으로 복무를 시작했어요. 전문의무병제도는 군 내에 부족한 간호사, 약사 및 의료기사 인력을 확보하기 위해 관련 분야의 면허나 자격을 보유한 입영 대상자를 의무병으로 모집·선발하는 제도예요. 이들은 입영 후에 자신이 속한 의무부대에서 간호, 약제, 임상병리, 방사선촬영, 치위생, 물리치료 등 본인의 자격이나 면허, 전공과 관련한 업무를 수행하게 되죠.

현재 전문의무병 모집 및 선발은 새로 도입된 제도임을 감안하여 면허 및 자격 소지자를 1순위로 선발하고, 한시적으로 전공학과 재학생을 2순위로 선발하여 부족한 인원을 채우고 있어요. 1순위자는 5주간의 기초군사교육 후 즉시 부대에 배치되고, 2순위자는 5주간의 기초군사교육 및 4~5주간의 해당 전문 분야 병과교육을 마친 후 부대에 배치된다고 해요. 물론 관련 자격 및 면허가 필요한 의료보조행위에는 1순위로 선발된 전문의무병만 투입되고요.

전문의무병은 5월 입영자를 시작으로 7월 입영대상자까지 총 238명이 선발되었으며, 평균 경쟁률은 2.6 대 1이었어요. 새 제도의 도입 초기인 만큼 면허와 자격을 갖춘 입영대상자만으로 전문의무병을 충원하기까지는 시간이 조금 더 필요할 것으로 보여요. 향후 모든 의무병을 면허와 자격을 갖춘 입영대상자 중에서 선발한다면 그동안 지적되었던 무자격 의무병에 의한 의료보조행위 논란이 해소되리라 생각해요. 이미 육군 전문사관제도 중에 약제장교 제도가 있는데요. 매년 선발 인원은 7명 내외로 임관 계급은 중위, 복무 기간 3년인데 비교적 긴 복무 기간과 처우 등의 문제로 활성화되지는 않았죠.

청소년들은 학창시절에
어떤 준비를 하면 좋을까요?

편 청소년들은 학창시절에 어떤 준비를 하면 좋을까요?

허 약사라는 목표를 분명히 하고 준비하는 것은 좋으나 그것이 과하면 오히려 큰 부담이 되어 자칫 좋지 않은 결과를 낳을 수 있어요. 어떤 준비를 하던 완급을 조절할 필요가 있겠죠. 우선은 학교 수업에 충실히 임하고 남는 시간에 약사에 대한 책이나 자료를 살펴보는 것이 좋아요. 함께 꿈을 키울 친구가 있다면 서로 이야기를 나누며 격려하는 것도 괜찮고요. 또는 좋은 선배가 있어 주기적으로 연락을 할 수 있으면 그것도 큰 도움이 될 거라 생각해요.

편 공부를 잘해야 하나요?

허 공부를 잘하는 것보다는 열심히 하면 된다고 얘기하고 싶어요. 무엇보다 꾸준함이 가장 중요하니까요. 실제로 대학에 입학한 후에 뒤늦게 공부에 눈을 뜨고 매진하여 좋은 성적으로 약대에 입학하는 친구들도 종종 봤어요.

편 준비하는 과정에서 가졌던 마음가짐이나 특별했던 본인만의 공부 방법이 있나요?

허 저 같은 경우 여럿이 정보를 나누며 함께 공부할 때 능률도 오르고 쉽게 이해되는 과목이 있는가 하면 혼자서 집중해서 할 때 좋은 결과가 있는 과목이 있었어요. 그래서 과목별로 공부하는 방법이 달랐죠. 그리고 시험에는 족보라는 것이 있기 마련인데요. 족보는 족보일 뿐이라는 얘기를 해주고 싶어요. 즉, 족보를 구하려고 시간을 낭비하거나 족보를 구해 그것만 공부해서는 좋은 결과를 얻을 수 없다는 거죠. 족보는 그 과목을 어떻게 정리해야 하는지 어떤 것이 중요한지를 알려주는 방향타 같은 역할을 하는 거예요. 족보 대신 본인만의 요약 노트를 만들어보세요. 본인 스스로 다시 정리하거나 작은 부분이라도 직접 만들고 요약하다 보면 본인 것이 되니까요. 시험이 다가올수록 본인이 만든 자료가 점점 더 강력한 무기가 될 거예요.

경쟁력을 갖추려면 대학에서
어떤 활동을 하는 게 좋을까요?

편 경쟁력을 갖추려면 대학에서 어떤 활동을 하는 게 좋을까요?

허 약사의 직능이란 것이 사람의 질병과 건강을 다루는 것이며 계속해서 환자나 고객과 소통을 해야 하는 일이에요. 약학 지식도 중요하지만 지식만을 가지고 약사의 역할을 다할 수는 없죠. 따라서 봉사활동이나 인간관계를 넓힐 수 있는 활동을 하면 도움이 될 거라 생각해요. 하지만 봉사활동이나 외부 활동이 공부보다 우선되어 주객이 전도되어서는 안 되겠죠. 약학대학이 원하는 인재상에 맞게 종합적으로 준비하되, 대학 2년 동안의 계획을 잘 짜서 선수과목은 어떻게 준비할지, 공인 영어 성적은 어떻게 올릴지 생각해보고 학기별로 PEET의 주요 과목을 차근차근 공부해보세요.

대학에서는 어떤 과목을 배우나요?

편 대학에서는 어떤 과목을 배우나요?

허 기본적으로 약대에서 배우는 과목은 아래와 같아요. 여기에 전공 선택 등을 추가하면 과목은 좀 더 많아지고 학교에 따라서도 조금씩 달라져요.

01 의약화학

의약품의 생체 내 작용기전 및 대사과정 등을 이해하고 화학구조와 생리활성관계(SAR)를 체계적으로 연구함으로써 의약품 개발에 필요한 종합적인 지식을 얻게 함을 교육 목표로 한다.

02 생약학

생약, 한약, 민간약, 기타 약용식물 등의 천연 약물들로부터 유효성분의 분리, 구조 결정 및 약효평가를 통하여 활성물질을 규명하여 새로운 의약품이 도출되도록 하며 자원 생약의 육종, 배양 및 생합성을 통한 약효물질의 생산을 교육한다.

03 미생물학

미생물학의 기초인 세균학, 진균학, 바이러스학 등의 분류 및 대사와 생명과학 분야에 중점을 두고 있고 특히 약학대학 특성에 맞게 항균, 항암제 개발에 많은 관심을 두고 실험 및 연구함을 목표로 한다.

04 위생약학

환경 중에 함유된 유해 성분 또는 비위생적인 요인에 의해 야기될 수 있는 국민 건강상의 제반 문제와 그 대책을 이해하고 이것으로 발생하는 각종 질병을 예방 또는 치료하기 위해 생체 내에서 이들의 독성 발현 기전을 신호전달 체계와 관련하여 생화학, 분자생물학 및 세포생물학적인 지식을 바탕으로 연구한다.

05 약물학

질병의 예방과 치료에 사용되는 약물의 생체 내에서의 거동, 약리작용, 작용기전, 부작용, 응용 등을 연구하는 학문 분야로서 이에 관련된 새로운 이론과 실제를 교육한다.

06 약제학

약물의 치료 효과를 최대한으로 발현하기 위해서 의약품으로의 효과와 기능을 나타내는 우수한 제제를 만드는 이론과 기술, 제제의 성질과 약효, 새로운 제형의 연구개발을 목표로 교육한다.

07 약품물리화학

의약품과 그 투여 대상인 생체의 주요 구성 성분에 관한 구조, 반응, 물성 등 물리화학적인 내용을 약학적인 관점에서 이해하고 이를 응용하여 의약품 설계의 최적화, 신약 개발을 위한 신물질의 검색, 단백질 및 탄수화물 등의 구조와 기능과의 상관관계 등을 연구하여 신약 개발을 위한 기초 및 응용적인 연구를 수행한다.

08 약품분석화학

약품분석에 적용되는 각종 측정기기의 원리를 이해시키고 이를 응용한 새로운 분석법을 개발할 수 있는 능력을 배양하며 나아가 의약품의 품질관리에 관한 전문적 지식을 쌓게 하고 물질의 구조와 활성 간의 상관관계를 연구함으로써 신약 개발의 한 부분을 담당할 수 있도록 한다.

09 병태생리학

질병의 병리기전 및 예방, 진단, 치료법을 이해하고 임상약학의 기초지식을 함양함과 동시에 병리 실험 모델을 통하여 신약을 개발하는데 필요한 약효와 독성 시험법을 구축하는데 목적이 있다.

10 생화학

생체 내에서 일어나는 생명현상에 관한 분자 수준에서의 기전을 생화학, 분자생물학 및 생명약학의 이론과 연구 방법을 통하여 규명하며 질병의 근원적인 원인을 이해하고 이를 새로운 의약품 개발에 응용할 수 있는 연구능력을 갖춘 연구자를 양성한다.

11 면역학

기초적 또는 임상적인 면에 있어서 생체의 방어 기전을 연구하는 학문으로서 생체 내의 다양한 면역계 및 면역세포의 기능과 활성에 대하여 체계적으로 연구하며 질병의 퇴치를 목표로 한다.

약사가 되려면 외국어를 잘해야 하나요?

편 약사가 되려면 외국어를 잘해야 하나요?

허 약대 입시에 공인 영어 성적이 포함되어 있기도 하고 이제 영어를 제2의 모국어처럼 사용하는 글로벌 시대에 살고 있으니 외국어 중에서도 영어를 잘하면 도움이 되겠죠. 그런데 4차 산업혁명 시대로 접어들면서 인공지능, 사물인터넷, 빅데이터, 모바일 등을 이용한 최첨단 기술로 인해 어학 분야 역시 새로운 변화가 감지되고 있어요. 가장 큰 변화가 바로 자동번역기의 발달이죠.

구글 번역기의 경우 굉장히 빠르게 진화하고 있어요. 작년에 사용했을 때와 올해 사용했을 때의 성능이 현저히 다를 정도로 그 정확성이 높아지고 있죠. 최근에는 귀에 꽂는 번역기가 상용화 준비 단계에 있다고 해요. 미국 웨이버리 랩스에서는 세상의 언어장벽을 허물자는 모토로 '파일럿'이라는 이름의 자동번역기를 개발했어요. 보청기처럼 생긴 이 장치는 2개의 디바이스를 귀에 꽂으면 외국어를 실시간으로 통역해 들려주죠. 일차적으로 영어, 불어, 스페인어, 이탈리아어를 지원하고 있으며 가격은 15만 원 선이라고 하네요.

그럼 이렇게 첨단기기가 개발되고 있으니 영어를 비롯한 외국어는 공부할 필요가 없을까요? 저는 일단 '아니다'라고 말하고 싶어요. 모든 기술은 상용화하는데 시간이 필요한데, 그동안 손 놓고 지낸다는 것은 사과나무 밑에서 사과가 떨어지기를 기다리는 것과 같으니까요. 물론 새로운 시대가 다가오고 있고 그 시대에는 외국어를 배울 필요가 없을지도 몰라요. 그래도 저는 그동안은 영어공부를 조금씩 해보고 싶어요. 여러분은 어떠세요?

약사가 되기 위해 필요한 자질은 무엇인가요?

편 약사가 되기 위해 필요한 자질은 무엇인가요?

허 가장 중요한 것은 약사라는 직업의 소명의식이에요. 과거엔 직업을 선택함에 있어 경제적인 부문이 중요한 요소였지만, 최근에는 어느 정도 경제적인 생활이 보장되면서 직업이 곧 부富라는 개념은 사라지고 있다고 생각해요. 약사로 일하고 약국을 경영하면서 경제적인 면을 전혀 고려하지 않을 수는 없겠죠. 그렇지만 사람의 생명을 다루는 약사 본래의 직능에 중점을 두어 충실히 일한다면 사회 구성원들로부터 받는 존경과 신뢰, 자기 삶에 대한 만족감이 따르게 마련이고 이는 경제적인 풍요로움 이상의 보상이라고 생각해요. 이런 직업의식을 가졌으면 해요. 또한 약사는 직업 특성상 늘 아픈 환자를 대하기에 그들의 아픔을 이해하고 마음까지 보듬어주는 인성과 소통하는 능력이 필요해요. 약사가 된 이후에도 생명에 대한 경외심과 약물에 대한 지적 호기심을 가지고 끊임없이 공부하고 연구한다면 국가의 보건복지에도 기여하고 약사로서의 삶도 풍요로워질 거예요.

어떤 성격을 가진 사람들이 약사에 적합한가요?

편 어떤 성격을 가진 사람들이 약사에 적합한가요?

허 무엇보다 꼼꼼한 성격의 사람이 이 일과 잘 맞아 보여요. 사람의 생명과 직결된 일이다 보니 실수가 큰 문제로 이어질 수 있으니까요. 실수로 인해 잘못된 용량이 나간다든지 다른 약이 섞이거나 꼭 필요한 약이 빠진다든지 하는 일들은 절대 일어나선 안돼요. 그러니 일처리를 꼼꼼하게 하고 집중력 있는 사람이 적합하겠죠. 그리고 꾸준히 공부하는 습관도 중요해요. 대학 졸업과 시험 합격을 끝으로 공부가 끝났다고 생각하면 곤란해요. 새로운 약이 계속해서 나오기 때문이죠. 지적인 호기심을 가지고 끊임없이 공부해야 새로운 정보를 놓치지 않을 수 있어요.

유학이 필요한가요?

편 유학이 필요한가요?

허 학문에 대한 깊이를 더하고 선진국의 교육시스템을 배우고 싶은 사람들은 유학을 가기도 해요. 학교에 남아서 교육자의 길을 걷거나 평생 연구자로 관련 업계에 종사하는 분들도 유학을 많이 가고요. 저는 유학을 가지는 않았지만 외국계 회사에서 5년 정도 근무하면서 제 자신이 많이 발전하고 시야가 넓어졌다는 것을 알게 되었어요. 좋은 경험이었죠. 기회가 되면 선진국의 교육시스템을 경험하거나 외국의 약사로 근무해보세요. 외국 약사와의 교류에도 적극 참여해보고요. 세계는 점차 경계가 없는 시대가 되어 갈 것이기에 특정 지역에 국한되어 일을 하려는 것은 자칫 본인 능력의 퇴보를 가져올 수 있으니까요.

약사가 되면

연봉은 어느 정도인가요?

편 연봉은 어느 정도인가요?

허 약사 개개인이 일하는 분야나 시간, 경력 등에 따라 다르겠지만, 통계를 보면 약사의 연봉은 하위 25%의 경우 4,685만 원, 평균 6,366만 원, 상위 25%의 경우 7,400만 원으로 나와 있어요.

편 초임자의 연봉은 보통 얼마인가요?

허 초임자의 연봉도 각각 다르지만 비교적 높은 편이기는 해요. 하지만 중요한 특징이 하나 있는데, 사회 초년생으로서의 첫 월급은 높은 편이나 상승률이 아주 낮은 편이죠. 특히 약국에서 근무하는 약사의 경우 처음 받는 월급에 비해 근무 연수에 따른 상승률이 높지 않아요. 이는 결국 개국을 하게 되는 주요 원인이 되기도 하죠.

편 병원과 제약회사에서 근무하는 경우는 어떤가요?

허 병원에서 근무하는 약사는 약제부라는 부서에 소속되어 근무하며, 병원 규정에 의해 경력과 직급에 따라 정해진 연봉

체계의 적용을 받고 있어요. 제약회사의 경우 예전에는 약사에게 약사 수당을 별도로 지급했어요. 하지만 지금은 연봉제가 되면서 다른 동료들과 마찬가지로 직무 평가를 토대로 연봉 협상을 하고 그에 따른 연봉을 받고 있죠. 물론 연봉 협상시 약사 자격이 가산될 수도 있고요.

약사도 직급 체계가 있나요?

편 약사도 직급 체계가 있나요?

허 정해진 법령에 따라 제약회사에는 3명의 약사가 필수적으로 근무해야 해요. 3명의 약사는 제약회사의 생산부서 책임자, 품질부서 책임자, 안전관리 책임자로 근무하게 되죠. 이들 직급은 책임 범위가 넓고 중요하기 때문에 보통 경력자를 채용해요. 그래서 입사하면서부터 과장 직급을 달게 되는 경우가 많죠. 그 외의 부서에서 일한다면 일반 회사의 직급처럼 사원으로 입사해 주임, 대리, 과장, 부장, 이사, 상무이사, 전무이사, 부사장, 사장 순으로 진급하고요. 병원도 회사와 마찬가지로 직급이 있어요. 다만 병원 약제부의 경우 일반적인 직급 체계와는 별도로 운영돼요. 팀과 파트로 구분되어 약무팀장 아래 여러 파트장들로 구성되어 있죠.

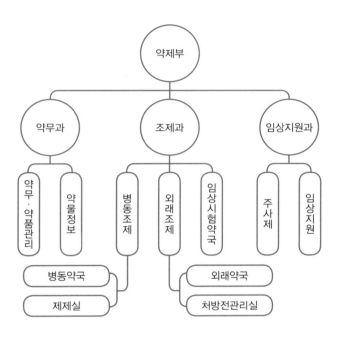

주기적으로 윤리교육이나 적성검사를 받나요?

편 주기적으로 윤리교육이나 적성검사를 받나요?

허 약사들은 1년에 8시간의 연수교육을 의무적으로 받아야 해요. 약사법에 의거하여 대한약사회가 보건복지부장관의 위탁을 받아 수행하고 있죠. 연수교육 미 이수 시 벌금과 자격정지를 받게 되고요. 주로 조제와 투약 및 복약지도, 의약품 안전관리, 약국 경영, 보건의료제도와 약사제도 및 보험정책, 개인정보보호법령과 관련된 교육을 받으며 기타 약사의 전문성 강화 및 소양 증진을 위한 교육도 받고 있어요.

근무 시간은 어떻게 되나요?

편 근무 시간은 어떻게 되나요?

허 제약회사와 병원 등에서 일하는 약사는 일반 회사와 마찬가지로 보통 9시에 출근해서 6시에 퇴근해요. 병원의 경우 업무 강도나 교대 근무 등으로 인해 오후 5시까지 근무하는 경우도 있고요. 약국에서 일하는 약사의 근무 시간은 천차만별이죠. 의약분업 전에는 늦게까지 약국을 열고 근무했지만 의약분업 이후에는 의원이 문을 닫으면 약국도 문을 닫는 경우가 많아요. 의원이 문을 닫으면 내방 고객수가 급격히 줄어드니까요. 그리고 오전과 오후 내내 의원 처방 업무를 하고 나면 몸이 지쳐요. 근무 약사를 고용하고 싶어도 급여에 대한 부담 때문에 의원 진료 시간에 맞춰 약국 문을 열고 닫으며 홀로 일하는 약사들이 많죠. 이런 이유들로 점점 심야 시간에 영업을 하는 약국 수가 적어지다 보니 편의점에서도 일반 약 판매가 가능하도록 하는 제도가 생겼고요.

편 근무 형태는 어떻게 되는지 궁금해요.

허 2016년 대한약사회에 신고한 약사회 회원 33,547명을 분석해봤어요. 2016년 기준 약사 면허 소지자는 66,992명이며, 이 중 50.1%가 약사회에 신상신고를 하고 회원자격을 부여받았죠. 이들 중 72.24%가 약국에서 근무하고 있으며 병·의원이나 보건소와 같은 의료계 종사 약사는 소폭 상승하는 추세예요. 구체적으로 들여다보면 전체 회원 중에 약국 개설자가 19,964명으로 가장 많았고, 근무 약사는 4,270명이었어요. 의료계 종사 약사는 4,933명, 제약업계 종사 약사는 1,408명, 도매업계 종사 약사는 794명, 학계 종사 약사는 78명, 수출입업계 종사 약사는 49명이었고요.

편 휴일에도 일하나요?

허 제약회사에서 근무하는 약사는 주 5일만 일하며 휴일에는 쉬어요. 물론 회사라는 조직에 있으니 보통의 회사처럼 주말이나 휴일에도 출장 등의 일정이 있으면 일을 하기도 하죠. 병원에서 근무하는 약사도 보통은 주 5일만 일하는데요. 당직이 있는 경우 휴일에 나와 일하기도 해요. 약국에서 근무하는 약사는 일요일이나 공휴일에도 약국을 열고 영업하는 경우가 종종 있어요.

근무 여건은 어떤가요?

편 근무 여건은 어떤가요?

허 근무 여건은 나쁘지 않아요. 다만 병원 약사의 경우 순번 제로 근무하는 야간 당직으로 인해 생활 리듬이 깨질 수 있죠. 또한 밤사이 조제 수량이 만만치 않고 경우에 따라 혼자 근무 해야 하는 경우도 있어 병원 약사의 장기근속자가 갈수록 줄 고 있어요. 이에 병원에서는 처우 개선 등 여러 가지 노력을 기울이고 있지만 구인난은 계속되고 있어요. 제약회사의 경우 도 서울 본사 사무실에 있는 개발부, 학술, 임상, 마케팅 부서 는 약사 구인이 어렵지 않지만 지방에 있는 공장에서는 근무 할 약사를 찾지 못해 구인난에 처해있다고 해요.

약사들이 꼭 필요한 곳임에도 현실적으로 많이 진출하지 않는 부문이 바로 공직 분야예요. 공무원으로 복지부, 식약청, 건강보험심사평가원, 보건소 등에서 일하는 약사들을 공직 약 사라고 하는데요. 갈수록 공직 약사의 수가 줄고 있어요. 그 이유 중 한 가지는 진급 문제예요. 약사들은 공직에서 대개 약 무직으로 진출하는데 약무직의 직급 체계가 진급하는데 한계 가 있어 능력이 있음에도 진급이 쉽지 않거든요. 업무 역시 약사라는 직능을 펼치기보다는 폐쇄적인 행정 업무가 대부분이고요. 이 때문에 약사를 약무직으로 한정 짓지 말고 보건직으로 편입시켜 능력 발휘의 기회를 제공해야 한다는 주장도 있어요.

지역보건법을 보면 전문면허의 최소 배치기준이라는 게 있는데(권고사항), 광역시 약사의 경우 구는 2명, 군은 1명, 특별시는 3명이라고 해요. 배치되는 인원수가 조금 적지 않나요? 물론 서울의 경우 약학대학이 많아 인력수급이 원활해 상대적으로 다른 지역보다 보건소 근무 인원이 많죠. 육아나 출산으로 인해 결원이 생기면 보충하느라 꾸준히 뽑은 덕도 있고요. 반면 서울은 다른 지역에 비해 인원은 많지만 자리는 한정되어 있어 진급이 더 어렵다고 해요. 그런 이유로 보건직으로의 직렬 통합이 필요하다고들 하죠. 의사가 아니어도 보건소 업무를 20~30년 하게 되면 보건소장을 할 수 있는 기회가 공평하게 주어져야 하지 않을까요? 이런 상황에 최근에는 한의사들까지 약무직에 지원하고 근무하는 경우도 있다고 하니 씁쓸하기도 해요.

진급 문제와 더불어 경제적인 문제도 있어요. 공무원으로 근무하고 있는 보건의료직의 수당과 관련해 형평성 논란이 있거든요. 면허 수당은 '공무원 수당 등에 관한 규정'에 의거해서 주고 있는데, 의사의 경우 일반의는 65만 원에서 85만 원, 전문의는 70만 원에서 95만 원이에요. 최근에 오른 수의사의 면허 수당은 15만 원, 간호사는 5만 원, 의료기사는 5만 원이고요. 공직 약사의 면허 수당은 겨우 7만 원에 그치고 있어요. 의사 면허 수당은 오랜 기간 동안 계속 상승세를 보여 왔으나 약사 면허 수당은 오랜 기간 동결되었기 때문이죠. 이렇다 보니 7급으로 임용된다 해도 1호봉의 경우 급여가 1,785,500원이고 군대를 다녀온 3호봉의 경우 급여가 1,963,200원이니 약사 면허 수당 월 7만 원을 더해도 연봉이 2,700~3,000만 원 정도 수준이에요. 그나마 옛날엔 공무원연금이라는 이점이 있었는데 미래의 물가를 생각하면 연금의 수준이 매우 현실성 없어 보여요. 이러한 이유들로 공직 약사를 희망하는 약사들이 늘어나지 않고 있어요.

편 사무실 환경이나 분위기는 어떤가요?

허 제약회사 본사의 경우 보통 대기업과 비슷한 근무 환경이지만 지방의 공장은 몇몇 큰 회사를 제외하고는 매우 열악해요. 그리고 병원 약사가 근무하는 약제부는 대부분 병원 지하의 외진 곳에 위치해 있어서 처음 근무를 시작하고 적응이 되려면 시간이 조금 필요해 보여요. 약국의 경우는 지역별, 규모별, 처방이 나오는 과별로 모두 다르죠. 요즘 새로 문을 여는 약국을 보면 기존의 약국 인테리어와는 많이 다른 경우도 있어요. 카페 같은 느낌을 주면서도 의약품을 다루는 공간으로서의 실용성도 있는 개성 넘치는 곳도 있죠.

편 복지 여건은 어떤가요?

허 약사가 근무하는 모든 근무지는 기본적인 근로복지 규정

이 모두 지켜지고 있어요. 그렇긴 하지만 개인적으로 외국계 제약회사가 국내 제약회사나 병원, 약국 등 보다 조금 더 나은 부분이 있다고 봐요. 외국계 제약회사는 전 세계 모든 지점이 본사와 동일한 시스템으로 운영되는데요. 외국계 제약회사의 본사가 보통 선진국에 위치하다 보니 본사와 같은 복지혜택을 지점 직원 모두 누리게 되죠. 예를 들어 국내 제약회사에도 출산휴가제도는 있지만 주위 눈치를 많이 보게 되어 제한적으로 사용되는 반면 외국계 제약회사는 그렇지 않아요. 복지는 직원 모두의 당연한 권리여서 1년 내지는 그 이상의 출산휴가를 사용할 수 있으며 경제적인 보조도 일정 기간 받을 수 있죠.

노동 강도는 어느 정도인가요?

■ 노동 강도는 어느 정도인가요?

■ 노동 강도는 근무하는 곳에 따라 조금씩 차이가 있어요. 병원 약사의 경우 주기적으로 돌아오는 야간 당직 때문에 힘들 수 있으며, 처방별로는 다른 과에 비해 소아과 처방이 노동 강도가 좀 더 세요. 소아과에서는 약을 가루로 만드는 비율이 높은데 이 과정에서 조제 시간 연장과 분진 흡입 등이 발생하거든요. 제약회사나 연구소에 근무하는 경우 각 조직의 특성에 따라 업무의 강도는 조금씩 다르다고 볼 수 있고요.

정년은 언제까지인가요?

편 약사의 정년은 언제까지인가요?

허 약사의 장점은 정해진 정년이 없다는 점이에요. 건강관리를 충실히 하고 새로운 약제에 대한 공부를 게을리하지 않는 한 나이가 들어서도 계속 일할 수 있죠. 오히려 나이가 들수록 오랜 경륜에서 오는 노하우를 환자와 나눌 수 있다고 생각해요. 계속 일하고 싶지만 몸이 좀 힘든 경우는 근무 약사를 고용하여 본인은 전체적인 감독 역할을 할 수도 있고요. 보건의료 전문가들 중에 가장 접근성이 좋은 약국의 약사야말로 앞으로 100세 시대를 맞아 각 지역의 건강지킴이로 더욱 많은 역할을 하리라 기대해요. 그 형태는 지금과 같은 약국의 형태가 아니어도 좋다고 생각하고요.

직업병이 있나요?

편 직업병이 있나요?

허 의약분업 전에는 혼자서 운영하는 약국이 대부분이었어요. 1년 365일을 아침부터 늦은 저녁까지 혼자 근무하다 보니 정작 약사 본인의 건강을 챙기지 못하는 경우가 많았죠. 그런데 의약분업 이후 1인 약국도 있지만 동업을 하거나 근무 약사를 고용하는 경우가 늘면서 근무 시간이 줄어들었고 이런 부분이 많이 개선되었어요. 하지만 여전히 근무 중 많은 시간을 서서 보내다 보니 무릎과 다리 근육 통증, 하지정맥류가 오는 경우가 있어요. 이를 예방하기 위해서는 휴식 시간을 정해 그 시간에는 꼭 앉아서 휴식을 취하고 몸에 꽉 끼는 옷이나 부츠는 정맥류를 발생시킬 수 있으므로 피하는 것이 좋아요. 또 호흡기질환도 많아요. 환자와 많은 이야기를 나누다 보니 목을 많이 써서 그렇기도 하지만 환자에게서 감염되는 경우도 가끔 있으니 주의가 필요해요.

다른 분야로 진출이 가능한가요?

편 다른 분야로 진출이 가능한가요?

허 약사의 경우 여러 분야로 진출할 수 있다는 장점이 있어요. 이미 언급된 병원, 제약회사, 공직, 약국, 학교 외에도 기본적인 약학 지식을 가지고 법조계나 다른 보건의료직, 언론, 정치 분야 등에서 일할 수 있죠. 다가오는 고령화 사회, 4차 산업혁명 시대에는 건강과 관련된 다양한 직업들이 생길 것으로 예상돼요. 특히 바이오헬스산업의 경우 큰 규모로 성장할

것이라 기대되는데요. 바이오헬스산업은 임상시험, 생산관리, 기획, 전략 분야 등에서 약사의 전문적인 직능을 필요로 해요. 그렇다면 약사의 진출 분야 역시 늘어날 것으로 보이네요.

약사로서 가장 중요하게 생각하는 것은 무엇인가요?

📕 약사로서 가장 중요하게 생각하는 것은 무엇인가요?

📗 약국과 약사의 역할은 사회 전체에서 중요한 부분을 차지하고 있어요. 약이 없는 세상을 상상할 수 있을까요? 인류의 수명이 연장을 거듭하여 100세 시대를 눈앞에 두고 있어요. 이는 의료기술의 발달과 함께 좋은 신약들이 계속해서 생산되면서 질병을 예방하고 치료했기 때문에 가능한 일이었어요. 하지만 우리나라의 경우 의약품의 소중함과 약사의 직능, 제약산업의 미래가치 등이 다른 나라에 비해 유난히 박하게 평가받고 있죠. 대부분의 사람들은 이런 것들에 무관심하기도 하고요. 이런 점이 많이 아쉬워요.

그렇지만 이런 문제를 얘기하기 전에 먼저 생각해봐야 할 점이 있어요. 약국의 약사는 지금처럼 조제나 판매에 매몰되어서는 이웃 약국의 박카스는 얼마더라는 핀잔을 듣는 단순한 소매업자로 전락하고 말 거예요. 국민들은 몸에 좋지 않은 콜라를 사면서 옆의 슈퍼에서 판매하는 가격이 어떻다고 얘기하지 않아요. 그런데 본인의 질병을 치료하고 통증을 줄이는 의약품을 살 때는 몇십 원단위에도 민감하게 반응하곤 하죠. 왜 그럴까요? 깊이 있게 고민해본다면 단순한 제품을 파는 것이 아닌 가치를 팔고 지식을 전달하며 환자의 마음을 배려하려는 자세가 필요하다는 생각이 들 거예요. 그러한 내적 자성이 있은 후에 잘못된 제도를 얘기하는 것이 맞는다고 생각하죠. 저는 약계의 이러한 노력과 국민들의 관심과 응원으로 이 둘 사이의 간극을 좁히는 일이 중요하다고 생각해요. 제가 그 간극을 좁히는 역할을 하고 싶고요. 그것이 국민 모두가 함께 좋은 보건의료 환경 안에서 행복해지는 길이니까요.

나도 약사

1

40대 정도 되어 보이는 남성 한 분이
약국을 방문하셨어요. 감기 때문에 근처 내과에서
진료를 받고 처방전을 받아오셨네요.
약사가 되었다고 생각하고 처방전을 받은 이후에
어떤 일을 해야 하는지 생각해보세요.

나의 업무

처방전을 받으면 보통 다음과 같은 순서로 업무가 진행돼요.

1_ 처방전 접수 및 처방전 내용 검토
   피보험자 자격확인, 기재사항 각 항목 검사

2_ 처방전 전산 입력 및 검토
   비급여, 본인부담, 의약품 용법 용량, DUR* 확인

3_ 처방전 내용 병·의원 문의 및 수정 (필요시)
   대체 조제, 변경 및 수정 조제

4_ 조제 및 봉투작성, 별도 용기표기 및 라벨링

---

* Drug Utilization Review. 환자가 여러 의료기관을 방문해 진료 받을 경우 의사와 약사는 환자가 복용하고 있는 약을 알지 못하고 처방·조제하기 때문에 환자가 약물 부작용 및 과다 복용에 노출될 가능성이 있다. 이에 환자가 약을 복용하기 전에 현재 먹는 약과의 중복 여부, 현재 복용 약과 상충되어 부작용을 초래할 수 있는지의 여부, 동일한 약을 복용해 과용할 가능성이 있는지의 여부 등을 미리 점검해 주는 것을 DUR이라고 한다.

5_조제약 감사

처방전 재 감사, 약 봉투 기입사항, 조제약과 처방전 비교 검토, 계량 및 계수

6_투약 및 복약지도, 수납

본인 확인, 복용방법, 직전 약과의 비교 및 변동사항 주지, 보관법, 부작용 등 복약지도

물론 각 단계마다 세부적으로 더 많은 일들이 이뤄지기도 해요. 이제 감기환자에게 처방된 의약품 예시를 보며 각 약을 복용할 때 어떤 점에 주의해야 하는지 알아볼까요?

감기는 바이러스에 감염되는 질환이에요. 직접적으로 감기 바

처방 의약품의 명칭	1회투약량	1일 투여 횟수	총 투약일수	용 법
646800870 아모크라정375mg	1.00	3	5	매식후30분
658603490 람비스정_(1정)	1.00	2	5	아침,저녁 식후 30분
662501901 헤스판시럽1포-5ml(아이비	1.00	3	5	매식후30분
☞ [보험100]				
670100940 아세틸시스테인캡슐200mg	1.00	3	5	매식후30분
642102570 페니라민정2mg(유한양행)	1.00	3	5	매식후30분
642202200 타세놀이알서방정(부광)	1.00	3	5	매식후30분

감기 처방 예시

이러스에 작용하는 약은 없기 때문에 이런 경우 각각의 증상에 대응하여 그 증상을 완화시키는 약을 처방하죠. 이를 대증요법이라고 해요.

첫 번째로 처방한 약은 아모크라정 375mg이에요. 주성분은 아목시실린수화물 250mg, 클라불란산칼륨으로 125mg으로 항생제죠. 상기도나 기관지에 염증이 있다고 판단해서 처방한 것으로 보이네요. 항생제 복용에 있어 주의할 점은 증상이 완화되었다고 임의로 복용을 중단해선 안 된다는 점이에요. 항생제 내성이 생길 수 있으니 처방 받은 항생제는 일수에 맞춰 모두 드셔야 해요.

두 번째로 처방한 약은 라비스정이에요. 주성분은 라니티딘염산염 75mg, 수크랄페이트수화물 300mg, 비스무트시트르산염칼륨 100mg으로 항궤양제에요. 함께 처방한 약을 먹고 속이 쓰릴 수 있어서 처방되었어요.

세 번째로 처방한 약은 헤스판시럽이에요. 주성분은 아이비엽 70%, 에탄올유동엑스 20mg/ml로 진해거담제로 쓰여요.

네 번째로 처방한 약은 아세틸시스테인캡슐 200mg이에요. 주성분은 아세틸시스테인 200mg으로 객담^{기관지나 폐에서 유래되는 분비}물의 배출을 돕는 진해거담제예요.

다섯 번째로 처방한 약은 페니라민정 2mg이에요. 주성분인 말레인산클로르페니라민 2mg은 항히스타민제로 알레르기반응을 일으키는 히스타민이라는 물질을 억제하여 두드러기와 소양성 피부질환^{습진, 피부염, 피부소양증, 약진}은 물론 알레르기성 비염, 혈관운동성 비염, 코감기에 의한 재채기, 콧물, 기침을 억제하는데 쓰이죠. 경우에 따라 졸리거나 나른할 수 있으니 약 복용 후 운전 같은 기계조작은 삼가는 게 좋아요.

여섯 번째로 처방한 약은 타세놀이알서방정이에요. 주성분은 아세트아미노펜 650mg으로 해열 및 감기에 의한 동통과 두통, 근육통 완화에 쓰여요. 좋은 효과를 내지만 간독성이 심해서 최근 유럽에서는 시장에서 퇴출되고 있어요.

처방된 약의 부작용을 참고해 복약지도를 해보세요.

2

연세가 지긋한 할머니 한 분이 약국을 방문하셨어요.
허리와 다리의 통증을 호소하시네요. 병원에는 다녀오지
않았다고 하고요. 약사가 되었다고 생각하고
어떤 처방을 하면 좋을지 생각해보세요.

나의 처방

약국은 경증에서 중등도 이상으로 이행되는 과정에 있는 환자들을 일반의약품 등으로 케어 할 수 있는 기관이고 그 이상이 되면 병원이나 의원으로 환자를 안내하는 역할을 하죠. 따라서 할머니의 상태가 경증인지 아니면 중등도 이상인지를 판단해 올바른 안내를 하는 것이 제일 중요해요.

일단 언제부터 증상이 시작되었는지, 약국에 방문하기 전 약을 사용해보았는지를 물어보고, 증상에 따라 외용제인 파스류부터 내복약인 소염진통제, 근이완제 또는 기타 보조제 등을 권해드릴 수 있어요.

약을 선택할 때에는 이전에 약을 복용했을 때 알레르기나 속쓰림 등의 부작용이 있었는지 등을 확인하고 부작용이 적고 효과가 좋은 약을 선택해요. 만약 2~3일간 약을 복용해도 통증이 가라앉지 않는다면 병원에 내방할 것을 권해드리고요. 생활습관이나 음식 조절이 필요한 부분이 있다면 그에 대한 설명도 해 드리는 것이 좋아요.

위 상황을 대화로 풀어봤어요. 아래 대화를 참고해 나라면 어떤 식으로 대응할지 생각해보세요.

할머니 허리하고 다리가 아픈데 약 하나 줘 봐요.

약사 네. 안녕하세요? 할머니 주로 어떤 동작을 하실 때 아프세요?

할머니 어제 김치를 담갔더니 밤부터 쑤시고 결려서 집에 있는 파스를 붙였는데 그때뿐이고 움직이기만 하면 더 아파요.

약사 할머니, 콕콕 쑤시는 통증 외에 화끈거리거나 칼로 베는 듯한 느낌은 없으셨어요?

할머니 아니, 쑤시다 움직이면 아파서 못 움직이겠어요.

약사 아픈 곳이 한곳에서 다른 곳으로 옮겨가는 느낌은 없으시죠?

할머니 없어요.

약사 그럼 아픈 정도를 0부터 10점으로 표시하면 할머니는 몇 점 정도 되세요? 가장 아픈 것을 10으로 한다면요.

할머니	한 6 정도는 되려나? 내가 원래 아픈 것을 잘 참기는 해요.
약사	어젯밤부터 아팠다고 하셨는데, 얼마나 자주 아프고 한번 아프면 얼마나 지속되세요?
할머니	움직이고 나면 더 많이 쑤시는데 가만히 있으면 또 괜찮고 그래요.
약사	할머니, 따로 드시는 약은 없으세요?
할머니	혈압이 있는데 그렇게 높지가 않대요. 뭔지 모르겠는데 처음에는 한 알 먹다가 지금은 반 알씩 먹고 있어요.
약사	할머니 올해 연세가 어떻게 되세요?
할머니	일흔 둘이에요.
약사	할머니 정정하신 모습을 보니 평소 건강관리를 잘 하신 것 같네요. 잘 알겠습니다. 먹는 약으로 드리려고 하는 데요. 혹시 평소에 약 드신 후 알레르기 반응이나 다른 이상반응은 없으셨나요?
할머니	그런 일은 없었어요.
약사	네. 근이완제와 진통제가 함께 들어있는 약을 드릴게요. 아마 어제 무리를 하셔서 근육들이 조금 뭉쳐서

아프신 것 같아요. 진통제도 심혈관이나 신장에 비교
적 무리가 덜 가는 것이에요. 하루에 2알씩 최대 네
번까지 드실 수 있는 약인데요. 아직 정정하시지만
그래도 연세가 있으시니 하루에 세 번까지만 드세요.
가장 아픈 부위는 댁에 있는 파스를 일시적으로 붙여
보세요. 그렇다고 너무 오랫동안 붙이지 마시고요.
그리고 약 드시면서 노인정에 가시거나 친구 분들 만
나시더라도 약주 드시면 안돼요.

할머니   술? 많이는 안 먹어도 가끔 동네친구들 만나면 파전
에 막걸리 한잔 하는데, 그것도 안 될까?

약사   하하하, 네. 할머니 약 드시는 동안 하루, 이틀만 참
아주세요. 그래야 빨리 나으시죠? 아셨죠?

할머니   알았어요. 그렇게 하리다. 고마워요.

약사   네. 할머니 안녕히 가세요.

약 업계의 뜨거운 쟁점, 편의점 약 판매

편의점 약 판매, 어떻게 생각하세요?

우선 편의점에서 판매하는 안전상비의약품이란 무엇인지 알려
드릴게요. 안전상비의약품은 일반의약품 중 주로 가벼운 증상
에 시급하게 사용해요. 환자 스스로 판단하여 사용할 수 있는
의약품을 말하며, 해당 품목의 성분, 부작용, 함량, 제형, 인지
도, 구매의 편의성 등을 고려하여 20개 품목 이내로 선정하죠.
판매 장소는 지역 주민의 이용 편의성과 위해 의약품 회수 용
의성, 24시간 연중무휴 운영 여부를 고려해 선정하고요.

　　안전상비의약품을 판매하려면 먼저 시 · 군 · 구청에 등록
한 후 사전 의무교육을 받아야 해요. 허가가 나면 판매자는 시
설 및 의약품 관리를 철저히 해야 하며 1회 판매 수량이나 연
령 제한 등의 준수사항을 지켜야 하죠. 허위 등록하거나 위해
의약품 회수 · 폐기 명령에 불응한 경우, 판매 질서와 준수사
항을 위반한 경우에는 등록 취소가 돼요. 교육을 이수하지 않
거나 준수사항 위반 시 100만 원 이하의 과태료가 부과될 수
있고요. 현재 편의점에서 판매되는 안전상비의약품은 4개 효
능군(해열진통제, 소화제, 감기약, 파스)의 13개 제품이에요.
품목은 늘어날 수도 있지만 편의성과 안전성을 두고 볼 때 의

약품은 일반 식품과 달리 안전성에 최우선을 두어야 하기에 최소한으로 지정하는 게 옳다고 봐요.

의약품을 판매하는데 있어 편의성을 중시할 것인가, 안정성을 중시할 것인가의 문제로 보면 답은 명확해요. 정부가 편의점에서 약을 판매할 수 있는 제도를 만들면서 해당 약에 붙인 이름이 안전상비의약품이에요. 전문가인 약사 입장에서는 이 단어만 봐도 당시 이 제도를 밀어붙이던 정부의 모순된 태도가 엿보여요. '안전'이란 단어와 '상비의약품'이란 단어가 함께 엮이는 것부터 말이 되질 않거든요. 모든 약에는 부작용이 있기에 안전한 약은 없어요. 그렇기에 식품과 달리 국가에서 면허를 내준 전문가로 하여금 관리하고 상담하며 판매하는 것이죠.

물론 심야시간대에 급하게 약이 필요해 발을 동동 구르는 국민들의 심정도 이해가 돼요. 하지만 대부분의 나라가 약은 약국에서 판매하게 하고 있으며, 일부 마트나 편의점에서 파는 경우는 제품이 제한되어 있거나 반드시 약사가 상주해서 필요할 때 상담을 받게 해요. 일부 마트나 편의점의 약 판매도 날로 늘어나는 부작용 문제로 인해 다시 원점에서 재검토 중인 경우가 많고요. 상비약의 개념은 '필요할 것으로 예상되어 미리 구비해 놓음으로써 응급 시 사용하는 약'이잖아요. 각 가정에서는 미리미리 필요한 약을 구입해 구급함이나 약품 보관 장소에 준비해두면 어떨까요? 물론 많은 가정에서 그렇게 한다고 하더라도 급하게 약이 필요한 경우는 발생하게 마련이죠.

그래서 이와 같은 취약시간대에 의약품을 공급할 수 있는 대책은 필요하다고 생각해요. 다만 그 대책으로 나온 편의점의 상비약 판매는 문제가 있어요. 우선 의약품은 철저한 규제산업의 산물인 만큼 규정을 지켜야 하는데, 비전문가인 편의점주가 약을 팔기 위해 받아야 하는 안전교육을 제대로 받지 않거나 위반 판매하는 경우가 많아요. 그리고 우려했던 대로 편의점에서 약을 판매한 후에 관련 제품의 부작용 건수가 급격히 많이 보고되었고요. 또한 편의점에서 판매하는 약은 좀 더 안전하게 만들다 보니 이름은 같거나 비슷해도 성분과 함량은 떨어지는데 약국보다 더 비싸게 팔리고 있어요. 다시 말해 의약품으로 이윤만을 남기려는 점포에서 약을 구입하면 같은 성분의 약을 더 비싸게 사면서도 약국에서 받을 수 있는 양질의 상담을 받을 수도 없죠.

그래서 저는 국민들의 편의를 고려하면서도 좀 더 안전하게 제공하는 방법으로 각 지역의 보건소를 활용하는 방법과

편의점 안전상비의약품 위반 판매 건수

출처: 한국의약품안전관리원

구분		서울	경기	인천	전체
정상 판매		30 (25.0)	46 (30.7)	9 (30.0)	85 (28.3)
위반판매	1건	53 (44.2)	65 (43.3)	10 (33.3)	128 (42.7)
	2건	26 (21.7)	28 (18.7)	6 (20.0)	60 (20.0)
	3건 이상	11 (9.2)	11 (7.3)	5 (16.7)	27 (9.0)
	소계(위반율)	90 (75.0)	104 (69.3)	21 (70.0)	215 (71.7)
계		120 (100.0)	150 (100.0)	30 (100.0)	300 (100.0)

안전상비의약품 품목의 부작용 접수 건수

출처: 한국의약품안전관리원

효능군	2013	2014	2015	2016. 8	계
해열진통제	349	171	176	98	794
감기약	7	7	4	8	26
소화제	13	22	42	66	143
파스	65	23	7	10	105
계	434	223	229	182	1,068

편의점과 약국의 의약품 차이

서울 여의도에 있는 편의점, 약국 (매장마다 가격 다름)

제품명	제조사	편의점		약국	
		양	가격(원)	양	가격(원)
타이레놀정 500mg	한국얀센	8정	2,600	10정	2,500
어린이타이레놀현탄액	한국얀센	100ml(1병)	5,800	100ml(1병)	5,000
어린이부루펜시럽	삼일제약	80ml(1병)	6,600	90ml(1병)	5,000
닥터베아제정	대웅제약	3정	1,700	10정	3,000
훼스탈플러스정	한독	6정	1,800	10정	2,500
판콜A(판콜S)	동화약품	30ml*3	2,300	30ml*5	2,500
판피린티정(판피린Q)	동아제약	3정	1,800	20ml*5	2,500
제일쿨파프	제일약품	4매	3,000	5매	2,000
마데카솔연고(케어)	동국제약	8g(1개)	6,900	5g	4,000
박카스F(D)	동아제약	120ml(1병)	800	100ml(1병)	600

공공 심야약국을 활성화하는 방법을 대안으로 제시하고 싶어요. 먼저 보건소 활용방안에 대해 얘기해볼게요. 보건소에는 공중보건의가 근무하고 있어요. 하지만 약사 면허를 가진 약제장교는 처우 문제 등으로 턱없이 부족한 실정이죠. 약사장교 또는 약제병제도를 활성화하여 각 보건소에 약제장교를 배치하는 거예요. 심야시간대에 공중보건의와 약제장교가 함께 양질의 의료 및 약료서비스를 제공한다면 국민들은 더욱 안전하게 약을 복용할 수 있겠죠? 이와 같은 보건소 활용 대안을 정부가 적극적으로 추진했으면 해요.

두 번째 대안은 공공 심야약국을 활성화하는 방법인데요. 현재 심야시간대에 약국이 문을 닫는 것에는 몇 가지 이유가 있어요. 우선 심야시간대에는 내방객이 적고, 오전부터 12시간 가까이 근무한 약사가 혼자서 심야시간까지 약국을 운영하기에는 체력 소모가 너무 많아요. 그렇다고 근무 약사를 고용한다면 임금을 지불해야 하는 경제적인 문제가 발생하고요. 국민들이 현재 주 52시간 근무를 지향하는 정책에 공감하면서도 약국만 365일 24시간 근무하기를 바란다면 모순된 논리이기도 하죠.

그래서 약사단체에서는 자체적으로 자정이나 새벽 1시까

지 영업하는 공공 심야약국에 근무 약사를 고용할 수 있는 비용을 일정 금액 보조해주고 있어요. 더불어 지방자치단체에서 조례를 만들어 비용을 보조해주기도 하고요. 이 제도 덕에 경기도에는 현재 9개의 공공 심야약국이 운영되고 있어요. 이 제도가 지속 발전해나가서 취약시간대에도 국민들이 약의 전문가인 약사에게 안전하게 의약품을 구입할 수 있기를 기대해요. 이런 식으로 약사로부터 취약시간대에 약료서비스를 받을 수 있는 방법을 찾지 않고 일부 유통업계의 이득을 위해 새로운 제도와 법을 만들고 있어요. 국민 편의라는 가면을 쓰고 국민들을 약물 오·남용의 위험으로 내모는 것이 옳은 일인지를 합리적으로 판단해볼 필요가 있어요. 또한 사람의 생명을 다루는 의약품을 단순히 식품이나 공산품처럼 취급하는 것을 경계해야 해요.

내 생각은?

제 의견을 듣고 어떤 생각이 들었나요? 제 생각에 일정 부분 동의하는지, 더 좋은 방안이 있는지 궁금해요. 편의점 약 판매, 여러분은 어떻게 생각하는지 의견을 정리해보세요.

의약분업의
역사와 평가

오늘날 세계 여러 나라에서 시행되고 있는
의약분업은 우리나라의 경우 2000년부터 시행되었어요.
의약분업이 시행되고 꽤 많은 시간이 흘렀는데요.
의약분업 후 어떤 점이 달라졌는지 이야기해보고,
의약분업이 왜 도입되었는지 그 배경에 대해서도
이야기해봐요.

편 우선 의약분업이란 무엇인지 설명해주세요.

허 의약분업이란 환자에 대한 진찰·처방·조제를 의사·약사 간에 직능별로 분담·전문화하여 불필요한 투약을 방지하고 국민 보건 향상에 기여토록 하는 제도예요. 1993년 약사법 개정에서 1999년 7월 7일 이전에 의약분업을 실시하도록 규정했지만 많은 갈등과 혼란을 겪으며 연기되다 2000년 8월 1일에 최초 시행되었어요. 의약분업은 단순히 '진료는 의사에게 약은 약사에게'라는 의·약사 간 직역 분리의 차원을 넘어서 보건의료 관련 산업 및 의료보장제도 전반에 큰 영향을 주는 대규모 의료개혁 작업이었죠. 제도가 정착되기까지는 어려움이 있었지만, 국민 보건 증진이라는 측면에서 중요한 의의를 가지며 의·약계에 있어 유사 이래 가장 큰 변화라고 할 수 있어요.

편 2000년 의약분업이 시행된 지 18년이 흘렀어요. 의약분업이 된 후 변화된 점이 있다면요?

허 지금은 당연하게 생각하지만 병원에서 처방을 받아 복용하는 약을 환자 본인이 알게 된 것이 채 20년이 되지 않았어요. 본인의 질병을 치료하기 위해 먹는 약을, 생명과 직결될 수도 있는 약을 그 전에는 이름조차 모르고 복용했다는 점이 지금 생각해보면 충격적이지 않나요? 의약분업 이후 가장 큰 변화는 바로 이 점이라고 생각해요. 의사와 약사의 관점은 논외로 하고, 의료와 약료서비스를 받는 수혜자인 환자 입장에서 보면 정보가 공개되는 것은 보다 안전하고 검증된 의료·약료서비스를 받을 수 있음을 의미해요. 또한 본인 스스로 약력을 관리할 수 있게 되어 요즘 말하는 셀프 메디케이션^{Self} _{Medication, 자신의 건강과 질병 문제를 스스로 책임지는 일}의 시작이 되었다고도 볼 수 있고요.

편 의약분업은 왜 필요한가요?

허 의약분업 전 임의분업 당시, 의사의 경우 나날이 개발되어가는 모든 의약품에 대한 지식 및 정보는 약사에 비해 덜 민감할 것이기 때문에 투약 및 조제에 있어서 오·남용의 소지가 있었어요. 반면 약사는 환자의 요구에 의해 문진을 통한 진단과 조제를 하기 때문에 오진 확률은 의사보다 훨씬 높을 것이므로 본의 아니게 오·남용의 소지가 상존하게 되었죠. 뿐만 아니라 소비자는 제약회사의 약품 과대광고에 노출됨으로써 자가진단에 의한 그릇된 복용을 하게 되어 약물 오·남용의 소지를 갖고 있었고요. 그러므로 국민건강증진을 위해서는 의사·약사의 직능 분담을 통한 의약품의 통제관리가 절실히 요구되었어요. 이는 의사와 약사 간의 상호 감시 및 견제를 가능하게 하는 의약분업이라는 제도를 통해서 이루어질 수 있는 것이었고요. 의약분업의 또 다른 의의는 의사, 약사라는 전문인력의 효율적 활용이 가능해진다는 점이에요. 의약분업으로 의사는 약에 관한 한 약사의 협조를 받음으로써 정확한 투약으로 치료 효율을 높일 수 있고 본래의 진료 업무를 성실히 수행할 수 있어요. 약사는 의사의 진단·처방에 따라 정확한 조제와 투약지도 및 환자교육을 실시할 수 있어 자신의 직능을 살릴 수 있으므로 국가 전체적으로 고급인력을 효율적으로 활용할 수 있게 되는 거죠.

편 의약분업 실시 전과 후의 의사, 약사 간 역할 변화는 어떻게 이루어졌나요?

허 우리나라에서의 의약분업제도는 궁극적으로 처방은 의사, 조제는 약사라는 원칙에 입각하여 기존의 의·약서비스 공급 방식을 변경하는 제도예요. 의사는 진료와 처방이라는 직무를 담당하고, 약사는 처방에 따른 조제를 담당하는 거죠. 외래 환자에 대한 조제 권한 역시 약사에게로 이전되었고요. 그리고 항생제 등의 오·남용을 방지하고 약화사고를 예방하기 위해 과거 약국에서 판매되던 전문의약품에 대해서도 반드시 의사의 처방을 거치도록 했어요.

편 의약분업으로 인해 의료비가 상승하지는 않았나요?

허 국민의료비 절감 측면에서 의약분업의 효과는 양면성을 가지고 있어 속단하기가 힘들어요. 당장은 국민의료비가 상승하겠지만, 장기적인 측면에서 보면 국민의료비 절감 효과가 상승 효과를 능가하게 될 것으로 예상하거든요. 의약분업 시 의료비 상승 요인을 구체적으로 보면 처방료와 조제료의 이중 부담, 매약 약국조제를 하지 않고 매약만 전문으로 하는 약국 이용자의 진료비 부담, 교통비 등의 간접 비용 및 시간 비용의 증대 가능성 등을 들 수 있어요. 반면 의약분업 효과를 감안한 의료비 지출 감소 요인으로는 의약품의 오·남용 및 내성 증가를 방지할 수 있기 때문에 치료 기간 단축에 따른 의료비 지출감소, 전문 기술의 분업이 가져오는 치료 효율 증대로 인한 의료기관 방문 횟수의 감소, 투약율의 감소로 인한 약제비의 감소, 치료 기간 단축으로 인한 노동생산성의 제고 등을 들 수 있죠.

편 다른 나라에 비해 의약분업이 늦어진 이유는 무엇인가요?

허 의료자원 부족 및 지역 간 의사·약사 분포의 불균형이 심화된 것도 의약분업이 실시되지 못한 요인이었다고 해요. 그러나 의약분업이 실시되지 못한 가장 큰 이유는 각 직능단체 간에 얽혀 있는 이해관계 때문이었죠. 예를 들어 의사가 약품을 취급함으로써 발생했던 이윤의 손실과 약사의 임의 조제 범위의 축소로 인한 이윤 손실, 처방전 처리를 위한 업무 증가, 제약산업의 특정 의약품 생산 감소와 같이 기득권을 포기하거나 양도해야 하는 상황에서 첨예한 갈등 구조가 이루어졌기 때문에 의약분업이 실시되지 못한 것이었어요.

편 정부에서 늦게라도 의약분업을 추진해야 했던 본질적 이유는 무엇인가요?

허 가장 큰 이유는 의약품 오·남용의 문제였어요. 의약분업 전 약국 측은 마약과 향정신성의약품을 제외한 모든 의약품을 자유로이 판매할 수 있었고 판매량이 많아질수록 이윤이 늘어났으므로 과다 투약하려는 경향이 심했어요. 병·의원 측은 투약량이 많아질수록 의료보험 진료비 청구액이 늘어났고 약

가마진^{의약품을 구매하는 가격과 처방, 조제하는 가격에 일정 마진을 주어 병·의원에 이익이 남는}

^{구조}도 많아졌으므로 과다 투약 경향이 심했고요. 약의 종류를 선택하는 데에도 약가마진이 큰 약을 위주로 고르는 경향이 많았죠. 특히 항생제, 스테로이드 제제, 주사제 등의 오·남용은 심각한 수준의 의원성 사망과 질병_{Iatrogenesis, 의료행위로 인해 발생하는} _{장애, 질병이나 사망}을 야기하는 수준이었어요.

한국의 처방 당 약품의 가짓수는 입원 시 6.3종, 외래 진료 시 4.2종이에요. WHO 기준치는 1~2종인데 말이에요. 제왕절개술 시 99.1%, 충수돌기절제술 시 99.6%, 백내장수술 시 98.8%가 항생제를 쓰고 있고요. 외국에서는 이들 환자의 45% 정도에 대해서만 항생제를 투여해요. WHO가 권장하는 주사제 처방 빈도는 17.2%인데 한국은 56.6%죠. 정부는 이런 식의 의약품 오·남용을 근절하고자 의약분업을 추진하게 되었어요. 또한 의약품 오·남용으로 인한 의료비 낭비가 많았어요. 불필요한 약의 투약은 곧 불필요한 의료비의 낭비를 의미하죠. 물론 의약분업으로 문제가 모두 해결될 수는 없으나, 의약분업이 정착되면 의약품 사용량은 점차 감소하고 약제비는 더 효율적으로 활용할 수 있을 것으로 예상돼요.

편 의약분업으로 인해 어떤 점이 개선됐나요?

허 첫 번째로 개선된 점은 병·의원의 각종 편법 제거예요. 병·의원이 약을 다루지 않음으로 부당한 약가마진을 제거할 수 있는 기반이 조성되었죠. 또한 진료를 하지 않은 가짜 진료, 약품 사용 내용의 허위청구 등이 불가능해졌어요. 허위청구를 할 경우, 약국에 보내진 처방전과 비교되어 적발이 용이하거든요. 그러나 이는 건강보험심사평가원이 어느 정도의 능력을 가지고 적발해 내느냐에 달려 있죠.

두 번째로 보건의료서비스의 질적 수준 향상이에요. 약국에서 약을 판매할 때 전문의약품의 경우 의사의 처방이 필요해지면서 약사의 비전문가적 처방 행위가 방지됐어요. 각종 검사나 유사 의료 행위가 행해지고 있었는데 이러한 약사의 불법 의료 행위도 중단되었고요. 또한 의사의 처방이 공개되면서 의사는 더 공부를 하게 되었고 약사의 재검토로 의사의 오·처방이 교정되었어요. 의사의 고의적인 비과학적 처방 역시 방지되었고요. 그리고 의사는 환자의 병 상태에 따라 약을 더 정확하고 자유롭게 선택할 수 있게 되었죠. 의약분업 후에는 약국이 500~1,000가지 정도의 약을 보유할 수 있어 선택 범위가 비약적으로 커지게 되었거든요. 약가마진과 무관하게 약을 처방할 수 있게 되어 더 좋은 약을 처방하게 된 점도 있고요.

세 번째로 제약회사의 구조조정 및 의약품의 약효 동등성 확보와 품질 향상이에요. 2000년 초 약 450여 개의 제약회사가 있었는데, 이 중 종사자 100인 이상의 제약회사는 약 150여 개에 불과했어요. 경쟁력이 떨어지는 회사들은 리베이트 제공의 경영 방식으로 생존하고 있었죠. 의약분업으로 의사들은 품질 위주의 처방을 하게 되었어요. 또 의약품의 약효 동등성 확보로 품질이 떨어지는 제품과 이를 생산하던 제약회사는 생존할 방법이 없어졌죠. 이는 제약회사의 구조조정으로 이어졌어요.

네 번째로 환자의 알 권리 확보예요. 그전까지 의사의 처방 내용은 환자에게 비밀로 부쳐지고 있었죠. 의약분업으로 환자는 의사의 처방 내용을 알게 되었고 일반의약품을 구매할 경우 한 갑씩 구입하게 되면서 약의 복약설명서도 볼 수 있게 되었어요.

다섯 번째로 의사와 약사의 갈등 관계가 개선됐어요. 의약분업 이전에는 의사와 약사가 각각 처방 및 조제를 하고 있었기 때문에 갈등이 심했어요. 의약분업을 통해 의사는 처방,

약사는 조제로 두 직종의 기능을 분화시킴으로써 의사와 약사 사이의 갈등 관계가 많이 해소되었죠. 물론 의약분업 제도의 내용 등을 두고 의·약사 간에 다소 갈등이 있을 수 있으나 이는 과도기적인 상황으로 볼 수 있어요. 앞으로 의사와 약사가 상호 협조해 나간다면 국민의 입장에서 좋은 제도로 발전해 나가리라 믿어요.

재미있는
약 이야기

우리가 평생 먹는 약의 양은 어느 정도일까요? 영국에서 이 궁금증을 연구한 사람이 있었어요.

대영박물관에 전시된 ⟨Cradle to Grave⟩라는 현대미술 작품

사진 안에 펼쳐져 있는 약의 개수가 정말 놀라운데요. 연구에 따르면 우리가 평생 먹는 약의 개수는 처방받은 조제약의 경우 14,000알이고, 일반의약품까지 합하면 40,000알이라고 하네요. 이렇게 많은 약을 먹는 만큼 오용과 남용을 피하고 올바르게 복용하는 것이 더욱 중요해 보여요.

우리가 약에 관해 잘못 알고 있는 대표적인 사례가 있어요. 바로 항생제 복용과 관련된 것인데요. 항생제를 먹으면 무조건 내성이 생기는 것으로 알고 항생제 복용 중에 증상이 호전되면 본인 임의로 약을 끊는 경우가 종종 있죠. 항생제 내성은 중간에 임의로 항생제 복용을 중지하기에 생기는 것인데 말이에요. 이처럼 약은 약효와 함께 부작용이 항상 그림자처럼 붙어있어요. 새로운 약을 먹거나 그동안 먹던 약이라도 궁금증이 생기면 항상 가까운 약국에 들러 약 전문가의 상담을 받아보세요.

약사에게
궁금한 A to Z,
그건 왜 그렇죠?

편 아이들 약은 왜 가루약이 많을까요?

허 아이들 약은 가루약이 많죠. 실제 성인이 먹는 양의 약을 아이들 용량에 맞게 갈아서 주는데요. 약이라는 건 경질캡슐이나 연질캡슐, 정제 등의 형태를 띠는데 약의 용도에 맞게 최적화된 제재라고 볼 수 있어요. 그걸 아이들이 먹기 쉽다고 갈아서 주는데 약을 가는 순간 성분 중 일부가 파괴되거나 오염될 수 있어요. 무엇보다도 각 성분에 최적화되어 있는 제제를 갈면서 생기는 변형은 약의 세 가지 특성인 효과성, 안전성, 안정성 중에서 특히 안정성에 크게 영향을 미치는 경우가 많죠.

그러니 너무 어린아이라 약을 삼키는데 문제가 있다면 모를까 무조건 약을 갈아서 주는 건 옳지 않다고 생각해요. 여기서 우리가 함께 생각해야 할 점은 실제 소아 처방약들을 살펴본 결과 일부의 시럽제와 산제 등을 제외하면 어린이 전용 의약품이 많이 부족하다는 거예요. 대부분 성인을 기준으로 한 제제와 용량을 가지고 임상적인 경험으로 처방을 내는 경우가 많아 어린이 전용 의약품 개발이 시급해요. 우리 사회 다른 분야에서는 "어린이용 OO"이라는 제품 설명이나 문구가 익숙한데 정작 필요한 어린이 전용 의약품은 많이 부족한 게 현실이죠.

소아용 의약품 개발의 어려운 점은 의약품 개발 단계에 필수적인 임상 단계에 어린이가 참여하기 힘들다는 것이에요. 비용도 만만치 않고요. 국가가 적극적으로 나서야 할 일이지요. 우리나라에서도 2013년 식품의약품안전처에서 소아용 의약품 개발을 지원하기 위해 '소아 및 신생아·미숙아를 대상으로 하는 임상시험평가 가이드라인'을 발표하고 2015년에는 식품의약품안전평가원에서 '소아 사용 의약품 개발 안내서'를 발간해 제약업계의 개발을 돕고 있으며 대한약사회에서도 지속적으로 어린이 전용 의약품 개발을 업계에 요청하고 있어요.

외국의 경우, 2018년 5월 31일 유럽연합(EU)이 제약회사들에 대해 성인용 의약품의 부작용을 없앤 어린이 전용 의약품 개발을 장려하는 새 법규를 승인했죠. 유럽의회에서 통과된 새 법안은 EU 내에서 성인용 의약품을 생산하는 제약회사들에 대해 어린이용으로도 사용될 수 있는지 실험을 거치도록 의무화하고 있어요. EU가 이와 같은 조치를 한 이유는 현재 어린이들에게 처방되는 의약품의 50% 이상이 실험을 거치지 않은 것이어서 의사들이 임의적으로 복용량을 판단하고 있는 것으로 추정되어 부작용 등 문제가 심각하기 때문이라고 해요.

우리나라도 식품의약품안전처나 약사회의 노력뿐만 아니라 소비자인 국민들도 이 문제에 대해 적극적으로 의견을 낼 필요가 있어요. 앞으로 약사가 되려는 학생들도 이와 같은 문제의식을 갖고 약사가 되어 의약품 개발에 참여한다면 좋을 것 같아요.

편 약국에서 조제한 약을 받거나 일반의약품을 구입할 때 약사의 설명을 잘 들어야 한다고 하셨는데 특별히 알려주실 점이 있다면요?

허 보통 약국에 오면 처방받은 약을 단순히 조제해서 빨리 약만 받아 가려고 하는데 약사의 설명을 주의 깊게 들어야 해요. 우선 복용 중인 약이 있는지, 부작용이나 약물 알레르기가 있는지 알려주고 약사로부터 의약품의 효능, 복용량과 방법, 부작용, 복용 시 유의해야 할 약과 음식, 보관 방법 등을 꼭 확인해야 하죠. 그리고 약을 복용할 때는 꼭 손을 씻고 복용하는 것도 잊지 말아야 해요.

편 가정 내에서의 의약품 사용에도 주의할 점이 있을까요?

허 보통 가정에 있는 약품 보관함을 보면 약국에서 약사와 상담을 통해 구입하는 일반의약품들은 사용기한이 지난 약들이 종종 보이고요. 의사 처방을 받아 약국에서 조제 받은 약은 복용하다 남기거나 미리 받아서 상비약처럼 보관하며 복용하는 경우가 있어요. 이는 아주 심각한 약화사고와 약물 오·남용의 주원인이 되니 주의해야 해요. 처방받은 약을 상비약처럼 복용하는 것이 위험한 이유는 일단 증상과 연령, 성별에 따라 약품은 매번 달라지기 때문이기도 하고요. 조제한 약은 포장에서 개봉되거나 원래의 제제 형태에서 변형이 되는 경우 안정성이 떨어지기 때문에 약품 복용에서 기대되는 효과보다는 부작용의 가능성이 높아지죠.

유통기한이 지난 식품을 먹거나 잘못된 식습관에서 오는 고통도 만만치 않지만 의약품 오·남용 및 변질된 의약품 사용은 그 고통과 피해, 후유증이 훨씬 크기 때문에 각별한 주의가 필요해요. 오늘 한번, 집에 있는 약들을 정리해보세요. 집안에 기간이 지났거나 처방받은 약이 남아 있어 폐기해야 한다면 일반 쓰레기처럼 버리면 안 돼요. 의약품 폐기물은 일반 쓰레기로 처리하면 침출수로 인해 토양과 지하수도 흘러들어가 환경오염을 일으키기 때문에 안전하게 폐기해야 하죠.

가까운 보건소나 약국으로 가져가면 별도의 비용 없이 약사와 보건소 직원이 안전한 폐기 절차를 진행하죠. 단, 가져갈 때는 포장이나 용기는 재활용이나 쓰레기봉투에 담아 직접 처리하고 정제는 정제끼리 시럽은 시럽끼리 모아서 가져가야 해요. 실제 약국에서 수거된 폐의약품의 경우 지난 2014년도 기준 163톤으로 집계됐지만 제약산업 국민 인식조사에서 2.7%의 응답자만이 약국을 통해 복용한 약을 버린다고 응답하고 나머지 92.2%의 응답자는 휴지통이나 배수구, 음식 쓰레기와 함께 버린다고 하니 심각한 문제죠.

버려지는 의약품은 환경오염의 문제도 있지만, 건강보험의 재정적 지속가능성을 저해하고 약물 임의 중단 등으로 인해 환자의 건강에 부정적 결과를 초래할 수 있어요. 폐기된 의약품의 수질 및 토양으로의 방출은 환경오염을 초래한다는 인식의 전환이 필요해요. 특히 문재인 정부의 비급여의 급여화 정책(문재인 케어)은 의약품 지출 증가세를 가속화해 건보 재정을 악화시킬 수 있어 낭비되는 의약품의 감소를 위한 구체적이고 적극적인 제도가 필요해 보여요.

편 약값은 어떻게 책정되나요?

허 사람들은 약국에 가서 약을 짓고 돈을 내잖아요. 보통은 3천 원에서 만 원 정도가 들고, 장기처방을 하면 3만 원에서 7만 원 정도가 들어요. 경우에 따라 그 이상 드는 경우도 있고요. 그런데 많은 사람들이 착각하는 게 약값 전부가 약국의 수입인 줄 알아요. 그렇지 않거든요.

의료보험은 의료비의 70%를 나라가 부담하고 나머지 30%는 본인이 부담하도록 되어있어요. 만약 약값으로 3천 원을 냈으면 원래 본인의 총 약제비는 만 원인 거죠. 이렇게 설명하면 쉬울 거예요. 나라의 건강보험에 속한 약을 약사가 1차로 구매하면 환자가 약사에게 그 약을 30% 가격에 사죠. 이때 나라가 나머지 약값 70%를 보증하는 거고요. 약값만 보고 약사가 많은 돈을 번다고 생각하는데, 사실 전문 약의 마진은 0원이에요.

그리고 약값에는 조제비와 상담료가 포함되어 있는데 약이 1개가 되든 10개가 되든 100개가 되든 조제비는 처방일수가 기준이에요. 수량이나 조제하는 횟수가 아니라 처방일수에 비례해 약값이 책정되고 있죠. 상담료 역시 처방일수가 기준이고요. 약사의 입장에서는 단순한 조제보다는 그 약에 대해 알려주고 부작용과 주의사항을 설명해주는 것이 중요한데, 복약지도에 들어가는 비용은 매우 적게 책정되어 있죠.

편 약사는 의사의 처방 없이 약을 조제할 수 있나요?

허 의약분업 이후로 약사는 의사의 처방전에 따라 약을 조제하게 되어 있어요. 의사는 의대에 다니는 6년 동안 약물이라는 어느 특정 분야에 대해 집중적으로 배우기보다는 인체와 관련된 다양한 분야에 대해 포괄적으로 배워요. 하지만 약사는 6년 동안 약에 대해서 전문적으로 배우죠. 사람의 생명을 다루는 학문은 그만큼 신중하고 어려운데요. 질병을 치료하는 목적으로 약을 이용함에 있어 의사가 정확한 진료를 통해 약을 처방하면 약사는 처방전의 약품이 환자의 상태(나이, 성별, 질환, 병용 약품, 약력 등)와 맞는지 세심하게 살피고 복용 관련 복약지도를 해요.

각각 다른 직능인 의사와 약사가 두 번에 걸쳐 점검하여 올바르게 약을 복용하게 하는 안전한 시스템이죠. 실제로 약국에서 조제를 하다 보면 잘못되거나 틀린 처방전을 종종 보게 되죠. 이것이 큰 문제라기보다는 기계가 만드는 공산품의 제조 과정 중에도 품질검사라는 항목이 있듯이 실수나 오류는 당연해요. 그래서 이중 점검을 하는 약사 역할은 아주 중요하죠.

편 주사제는 정말 효과가 빠른가요?

허 많은 환자들이 주사를 맞으면 금방 낫는다고 생각해서 주사 맞는 것을 선호하죠. 그런데 선진국의 경우 주사를 맞는 일이 흔하지 않아요. 태어나서 죽을 때까지 예방 백신 외에는 주사를 잘 맞지 않거든요. 예를 들어 항생제가 필요한 환자가 있다면, 의사는 주사제와 경구제 두 가지 중 입으로 물과 함께 복용하는 경구제 의약품을 우선 처방하기 때문이에요.

사람이 약을 먹으면 약은 붕해되어 위·장관을 통해 흡수된 후 간문맥을 통해 간으로 가요. 간은 우리 몸의 대사를 담당하며 독성을 해독하는 일을 하죠. 약이라는 건 일종의 외부에서 들어온 화학물질이고, 간은 이 화학물질을 우리 몸에 맞게 한 번 걸러내는 일을 한다고 이해하면 쉬워요. 물론 오랜 임상을 거쳐 우리 몸에 맞는 용량을 처방하지만 사람마다 상황이나 건강 상태가 다르기 때문에 부작용 등 이상반응을 일으키는 경우도 있어요. 간을 거치는 일은 각자의 몸에 맞게 버릴 건 버리며 생길 수 있는 부작용을 최소화시켜주는 일도 하며 전신으로 약물을 보낼 준비과정이라고 생각하면 돼요.

반면 주사제를 근육이나 혈관으로 직접 투여하게 되면 간이 손쓰기 전에 이미 전신 순환을 시작하게 돼요. 효과는 빠르죠. 그래서 많이들 선호하고요. 대신 몸에 주는 부담과 부작용 가능성은 크다고 할 수 있어요. 그런 이유로 선진국에서는 먹는 약제를 우선 처방하며, 환자가 의식이 없는 경우, 해당 제제가 주사제 밖에 없는 경우, 위에 주는 부담이 클 경우, 응급 환자의 경우 등 특별한 상황에 제한적으로 주사제를 사용해요.

그런데 우리나라는 왜 주사제를 많이 쓸까요? 일단 약효가 빠르기 때문이에요. 감기에 걸려서 몸살로 고생을 하는데 병원에 가서 주사만 맞으면 빨리 호전되기도 해요. 그래서 환자들 중에는 주사를 먼저 요청하는 경우도 있죠. 저도 예전에는 병 · 의원에 가면 당연히 주사제를 맞는다고 생각했어요. 하지만 감기약 자체가 없다는 것은 많이들 아시죠? 모든 감기약은 감기 바이러스에 직접 작용하는 것이 아니고 그때, 그때의 증상을 완화하는 대증요법으로 쓰이는 약품들이에요. 하지만 아파서 끙끙대던 사람이 주사 하나로 바로 낫는 것은 약사가 되면서 신기하게만 볼 일은 아니었어요. 경우에 따라 스테로이드나 항생제 주사제가 쓰이는데 이와 같은 약품은 약이 주는 이익과 위험성을 함께 생각하며 더욱더 신중하게 써야 하거든요.

주사제는 성분상의 위험성 외에도 주사제 자체 용기에서

오는 문제점도 있어요. 주사제는 멸균 상태로 제조되고 유통이 되는 중에는 오염에 노출되지 않고 변질을 최소화하기 위해 유리 앰풀로 만들어 밀봉하죠. 그렇지만 막상 주사제를 사용하려고 밀봉된 앰풀의 뚜껑을 제거하는 순간 용기 안으로 미세한 유리가루가 들어가요. 주사바늘로 용기 안의 액제를 빨아들여서 투여를 하게 되는데 어쩔 수 없이 미세한 유리가루가 혼입될 가능성이 높아요. 고무로 되어 있는 바이알Vial은 그나마 낫다고 하는데 고무 뚜껑 역시 주사바늘로 구멍을 뚫으면서 고무가루가 들어가는 것을 피하기 어려워요.

그래서 프리필드 시린지Pre-Filled Syringe라는 고가의 주사제가 나왔어요. 프리필드 시린지는 말 그대로 미리 액제(약품)가 채워져 있는 주사제를 말해요. 주사액 자체가 주사기 안에 채워져 있고 바늘까지 달려있죠. 그래서 주사액이 담긴 앰풀이 개봉되면서 불순물이 들어갈 염려가 없어요. 아이들 예방접종할 때 보면 비싼 금액의 주사가 있는데 보통 프리필드 시린지 형태가 많죠.

이런 여러 가지 이유로 나라에서도 주사제 사용을 줄이기 위해 노력하고 있어요. 주사제 처방료를 대폭 줄여서 실제로 효과를 거두고 있다고 해요. 하지만 의료, 약료 혜택을 받는 국민들의 생각도 조금 더 성숙되면 좋겠어요. 아직은 시간이 필요하겠지만 모두 노력한다면 점차 달라진 보건의료 문화를 이뤄나갈 수 있으리라 생각해요.

[편] 처방전을 볼 때 유의할 점이 있나요?

[허] 의료법상 처방전은 모두 세 장이에요. 한 장은 병원 내에 보관하고, 한 장은 약국에 내고, 나머지 한 장은 본인이 보관하는 거죠. 그런데 아직도 한 장만 받아오는 경우가 많아요. 약국 제출용과 본인 보관용 두 장을 모두 받아 본인이 어떤 약을 먹는지 알아야 하고, 본인의 증상과 상관없어 보이는 처방약이 있으면 의문을 제기해야 한다고 생각해요.

요즘은 인터넷으로 검색만 하면 약의 효능부터 부작용까지 모두 알 수가 있잖아요. 처방전을 꼼꼼히 살펴보며 난 머리가 아파서 병원에 갔는데 왜 소화와 관련된 약이 2개나 처방되었나 하는 의문, 머리가 아픈데 이 알레르기 약은 뭔가 하는 의문을 가졌으면 좋겠어요. 본인들이 먹는 약이니 좀 더 관심을 기울여야겠죠.

편 약과 함께 주는 복약안내문은 필수인가요? 약사의 선택인 가요?

허 환자나 고객이 요구하는 경우 약사는 서면 복약안내문을 제공해야 해요. 그래서 요즘은 요구가 없더라도 약 봉투에 약에 대한 설명을 출력하는 경우가 많아요. 불필요하다고 생각하는 약사들은 요구가 있기 전까지는 제공하지 않기도 해요.

편 약을 처방하는데 있어 약명으로 처방하는 것과 성분명으로 처방하는 것 중 어느 것이 더 환자에게 이로운가요?

허 저는 성분명으로 처방하는 것이 더 합리적이라고 생각해요. 선진국의 경우 약을 성분명으로 처방하는데 우리나라는 상품명으로 처방해요. 감기로 인한 발열과 통증이 있어 의사가 타이레놀이라는 진통제를 처방했다면 그건 상품명 처방이에요. 타이레놀의 성분은 아세트아미노펜인데, 아세트아미노펜 500mg을 처방했다면 그건 성분명 처방이고요. 성분명 처방인 경우 환자는 자유롭게 어느 약국이든 갈 수가 있어요. 아세트아미노펜 성분의 진통제를 만드는 제약회사는 굉장히 많으니 여러 약 중 본인이 원하는 것을 선택할 수 있죠.

외국의 경우 처방을 아세트아미노펜 500mg라고 냈다면 어느 약국이든 들어가 아세트아미노펜 500mg이 들어간 약을 구입하면 돼요. 약사는 아세트아미노펜이 들어간 몇 가지 약을 소개하고 환자는 자신에게 맞는 약을 선택하죠. 같은 성분이지만 오리지널 의약품과 복제약은 가격에 차이가 나요. 어떤 사람은 가격 차이가 많지 않다고 생각해 오리지널 의약품을 고를 수도 있고, 또 어떤 사람은 다 같은 성분의 진통제니 가장 저렴한 약을 고르기도 해요. 캐나다의 경우 가장 저렴한 약은 나라에서 100% 지원해줘요. 오리지널 의약품을 원하는 사람은 본인이 비용을 지불하고요.

우리나라에는 300개 가까운 제약회사가 있다고 해요. 물론 큰 회사들은 괜찮은 시설과 대량의 자본을 가지고 있지만 정말 열악한 회사들도 있어요. 실제 소규모 제약회사에 방문했을 때 이게 정말 제약회사가 맞을까 하는 의구심이 든 적도 있었죠. 제약회사도 이윤을 추구하는 회사의 일종이니 저렴한 중국산 원료를 사용하기도 해요. 같은 아세트아미노펜이라 하더라도 유럽산인지 중국산인지에 따라 차이가 나는데 말이죠. 최근 발사르탄 성분의 고혈압약 문제도 중국산 원료를 이용한 약품에서 미량의 발암물질이 나오면서 촉발되었어요. 저는 성분명 처방을 하게 되면 당연히 열악한 환경의 제약회사들은 도태될 거라 생각해요.

편 수많은 약을 관리하는데 어려움은 없나요?

허 원칙적으로는 들어온 약과 나간 약을 조사하면 모자라거나 남은 약이 없어야 하지만 실상은 재고가 정확하지 않을 수도 있어요. 약국에 있는 수많은 약을 정확하게 관리하는 데에는 어려움이 있어서 조금 모자랄 수도, 조금 남을 수도 있는 거죠. 단 향정신성의약품, 마약류는 철저하게 관리해요. 1년에 두 번 정도 감시를 나오는데요. 감시에서는 먼저 입고량과 출고량이 맞는지 확인하죠. 이중 잠금장치로 보관하고 있는지도 보고요. 발기부전치료제, 여성호르몬제, 사후피임약들도 남용, 오·남용 금지 약물로 규정되어 있어 관리를 받고 있어요. 함부로 쓰면 국민들의 건강을 해칠 수 있으니까요.

편 외국에는 리필제도가 있다고 하던데 어떤 제도인가요?

허 예를 들어 고혈압 환자가 출장을 갔는데 마침 약이 딱 떨어진 거예요. 병원에는 갈 수 없고 약은 먹어야 하는데 어떻게 할까요? 대부분의 고혈압 환자는 몇 년 동안 같은 약을 먹는 경우가 많고, 이런 경우 캐나다의 약사는 환자가 그동안 먹었던 약을 의사의 처방 없이 지어줄 수가 있어요. 환자의 약력을 모든 약사와 의사가 공유할 수 있으니까요. 이를 리필제도라고 하는데 하나의 처방전을 가지고 두세 번 정도는 약을 더 지을 수가 있는 거죠. 우리나라도 환자의 신상정보를 입력하면 약력을 확인할 수 있는 시스템이 있긴 하지만 리필제도는 없어요.

📧 마지막으로 약국을 이용하는데 알아두면 좋을 팁 한 가지만 알려주세요.

📧 약국의 약사와 고객의 관계도 보통의 인간관계와 다르지 않아요. 다만 약이라는 전문성을 가지고 관계를 맺는 곳인데요. 약국을 이용할 때 약사를 전문가로 인정하고 다가가면 어떨까요? 서로 간의 매너를 지킨다면 관계도 돈독해지고 자연스레 단골 약국이 되어 본인의 약력도 관리가 되겠죠. 언제든 무료 상담이 가능한 든든한 건강 상담자를 가까이 두는 것이라고 생각하면 좋을 것 같아요.

약사 허지웅
스토리

편 부모님은 어떤 분이셨고 어린 시절 환경은 어땠는지 궁금해요.

허 저희 가족은 할머니와 부모님 그리고 3남매가 함께 사는 대가족이었어요. 지금 할머니는 돌아가셨지만 제 기억 속의 할머니는 천사와 같은 분이셨어요. 매일 새벽이면 교회에 나가셔서 항상 가족을 위해 기도해주셨죠. 그런 할머니의 기도가 지금까지도 저를 지켜준다는 생각이 들어요. 아버지는 엄격한 편이셨으며 정직과 겸손, 예의, 가정의 화목, 가족 간의

사랑을 중요하게 생각하셨죠. 어머니는 상대적으로 너그럽고 인자하셨고요. 학교 성적보다는 인성을 강조하셨고, 제가 다소 손해를 보더라도 남에게 마음의 상처를 주는 언행은 절대 하지 말라고 자주 말씀하셨어요.

여전히 부족하지만 그래도 올바른 길을 가기 위해 고민하며 사는 것은 부모님의 가정교육 덕분이라는 생각이 드네요. 부모님의 말씀을 듣고 자라면서 자연스럽게 체득된 것 같아요. 부모님께서는 제가 결혼을 하자 가훈이었던 言常兢 約束命 말은 항상 조심스럽게 하고 약속은 생명처럼 생각하라이라는 글귀를 액자로 만들어 보내주셨어요. 그때만 해도 그 마음과 가르침을 잘 몰랐는데 시간이 흐르고 저 역시 아버지가 되어 보니 부모님의 깊은 사랑을 조금은 알 것 같아요.

경제적인 면을 보면, 제가 태어나기도 전에 아버지의 사업이 실패해 가정형편이 좋지 않았어요. 하지만 아버지는 다시 회사에 들어가 근면하고 성실하게 일하셨고 집안 형편도 서서히 나아지기 시작했죠. 그렇다고 넉넉한 편은 아니었을 텐데 저희 3남매 모두를 대학에 보내셨어요. 경제적 어려움 때문에 자녀들이 학업을 포기하는 일은 있을 수 없다고 생각하신 것 같아요. 경제적으로 좀 어려워도 자녀교육에 관한한 전폭적인 지원을 해주셨죠. 앞서 얘기했듯이 저는 대학을 두 번 다녔어요. 부담이 두 배였을 텐데도 힘든 내색을 하지 않으셨던 두 분께 지금도 감사하고 있어요.

편 고향은 어디세요?

허 저는 서울에서 태어났어요. 그리고 줄곧 서울에서 초, 중, 고등학교를 다녔죠. 가끔 사는 게 힘들거나 공허한 느낌이 들 때, 문득 제가 태어나 유년 시절을 보낸 곳이 그리워질 때가 있어요. 그럼 무작정 차를 몰고 그 동네로 가보곤 해요. 어릴 적에는 모든 것이 커 보였는데 지금 가서 보면 왜 이렇게 작아 보이는지 낯설기도 하고 새롭기도 해요. 이젠 동네에 아는 사람이라곤 한 사람도 없지만 마치 골목 어귀 어딘가에서 그 시절 함께 놀았던 친구들이며 동네 어른들이 나타날 것만 같아요. 별것 아닌 일 같은데 그 골목을 걷다 보면 다시 마음이 풍요로워져요. 여러분도 힘들고 지칠 때 어릴 적 살던 동네를 거닐어 보세요. 분명 힘이 날 거예요.

편 공부는 잘 했나요?

허 저는 초등학교 때 쾌활한 장난꾸러기였어요. 당시 생활기

록부를 보면 명랑하고 활발한 학생, 주의가 산만한 학생이라고 적혀 있어요. 한마디로 공부는 안 하고 놀기 좋아하는 아이였죠. 저는 기억이 안 나지만 어머니 말씀을 들어보면 학교에 갔다 집에 오면 가방만 던져 놓고 밖으로 나갔대요. 그리고 해가 질 때까지 놀다 왔다고 해요. 두 살 터울의 누나가 있는데 저와는 달리 공부를 잘해서 우수상을 받곤 했어요. 문학적인 감수성도 뛰어나 글도 잘 썼죠. 그런 누나와 서점에 갔어요. 공부와 거리가 먼 저는 딱히 사고 싶은 책이 없었는데, 다달학습이라는 학습지가 눈에 들어와서 몇 장 들춰보았죠. 쉽고 간단하게 정리가 되어 있는 것을 보고 열심히 공부해 보겠다고 사달라고 했어요. 그리고 집에 와서 문제를 풀어봤는데 정말 재미있는 거예요. 학습지를 열심히 공부하고 학교에서 시험을 봤는데 비슷한 유형의 문제가 나오더라고요. 또 공부하며 정리했던 것이 기억나면서 문제가 술술 풀렸죠. 저도 깜짝 놀랄 정도로 성적이 잘 나왔어요. 그러면서 공부에 재미가 붙었어요. 제 인생의 큰 전환점이 된 순간이었죠. 그 이후 수업에 들어가면 선생님 말씀도 귀담아듣기 시작했고, 계속 좋은 성적을 유지하고 싶다는 욕심이 생겨 스스로 공부하기 시작했어요.

편 중, 고등학교 시절에 대해 이야기해주세요.

허 중학교나 고등학교 시절을 생각하면 아쉬움이 가득해요. 바둑이나 장기는 직접 둘 때보다 옆에서 훈수를 둘 때 더 잘 보인다고들 하잖아요. 인생도 그런 거 같아요. 그때는 그 시절이 얼마나 중요한 시기인지 잘 모르죠. 어른들이나 선배들한테 정말 많은 충고를 듣긴 했지만 그 얘기들을 가슴에 새기진 못했어요. 그래서 학교 수업만 열심히 듣고 평소에는 TV를 보거나 음악을 듣고 친구들과 놀면서 보냈어요. 그래도 시험 때는 며칠은 잠을 줄여가며 바짝 공부해 좋은 성적을 받기는 했죠. 교회도 열심히 다녔는데 문학의 밤이나 성탄절 행사가 있으면 코미디를 담당하며 숨겨둔 끼를 발산하곤 했어요. 원고도 직접 써서 연습하고 발표를 했다는 게 지금 생각하면 대단한 것 같아요. 나름 잘 했는지 나중에 코미디언이나 연극배우 혹은 영화배우가 될 것 같다는 얘기를 듣기도 했죠. 그런 추억이 있어서 지금도 가끔 개그 프로그램을 보면 어릴 적 생각이 나요.

공부를 잘해서 좋은 대학에 들어가 부모님을 기쁘게 해드리고 싶다는 생각은 많이 했는데, 체계적으로 계획해 공부하지는 못했어요. 더군다나 고등학교에 들어가서는 사춘기가 심하게 왔어요. 일탈을 하거나 사고를 친 건 아니지만 공부를 열심히 안 했죠. 당시에는 수업이 끝나도 야간 자율학습을 해야해서 늦은 시간까지 학교에 남아있었는데 공부는 안 하고 자리에 멍하니 앉아 보내는 시간이 많았어요. 그때 누군가와 마음을 열고 고민을 이야기하며 진솔한 대화를 나누었다면 어땠을까 하는 생각을 해요. 저는 그 중요한 시기에 누구에게도 속마음을 털어놓지 못한 점이 가장 아쉽거든요. 이 글을 읽는 학생들은 자신에게 솔직해졌으면 해요. 부모님도 좋고 형제나 친구, 선배도 좋아요. 멘토가 되어 줄 사람을 만들고 그들과 속 깊은 이야기를 나누어 보세요. 그리고 지금이 얼마나 중요한 시기인지 알았으면 해요. 중, 고등학교 시절이 앞으로의 인생을 살아가는 데 중요한 밑거름이 된다는 사실을 기억한다면 현재의 삶에 더 충실해질 거예요. 또 하루 정도는 밤을 새워가며 앞으로 펼쳐질 인생의 긴 계획을 그려보는 것도 좋겠어요. 이 세상은 여러분의 꿈으로 채워질 공간임을 기억하세요.

편 특별히 좋아했던 과목이 있었나요?

허 영어를 아주 좋아했어요. 지금 돌이켜 생각해보니 수동적으로 시작한 게 아니라 흥미를 느껴서 자발적으로 공부했기 때문에 좋아하지 않았나 싶어요. 초등학교 6학년 때 단짝 친구가 영어 과외를 받았는데 같이 하자고 해서 시작하게 되었죠. 알파벳부터 시작해서 영어 노래나 간단한 회화도 배우고 단어도 공부했어요. 저는 그중에서도 영어 노래를 배우는 게 가장 즐거웠어요. 늘 그 수업이 기다려졌죠. 영어 단어를 외우다 보니 모음과 자음 각각의 소리가 어떻게 발음되는지 궁금해졌어요. 교보문고에 가서 책을 찾아보며 발음을 익혔죠. 발음이 익숙해지자 친구들에게 영어 편지를 썼어요. 한글을 영어 발음대로 옮겨 적은 약간 장난스런 편지였죠. 그런 식으로 스스로 놀이를 만들어가며 학습한 덕에 영어 실력은 날로 늘어갔어요.

그리고 누나가 듣던 중학교 영어 교과서 테이프를 잘 알아듣지도 못하면서 늘 틀어놨어요. 밥 먹을 때도 듣고 잘 때도 자장가처럼 들었죠. 그러자 신기하게도 저도 모르는 사이에 테이프에서 흘러나오는 문장을 술술 말하게 되었어요. 재미있어서 열심히 하다 보니 중, 고등학교에 가서도 영어 과목만큼은 항상 최고 성적을 받았죠. 하지만 대학에 입학하면서 영어공부를 전혀 하지 않았어요. 입시 위주의 영어공부를 했기 때문에 대학에 들어갔으니 더는 필요 없다고 생각했던 거죠. 근시안적이고 어리석은 결정이었다고 생각해요. 미래에는 어떤 일이 생길지 모르니 전공뿐만 아니라 다른 분야에서도 특기나 장점을 살려 놓으면 많은 도움이 되었을 텐데요. 실제 대학을 졸업하고 외국계 회사에서 6년 정도 근무를 했는데 가장 어려운 게 영어였죠. 간단한 단어와 회화조차 기억이 나질 않더라고요. 좋아하던 과목이었으니 하루에 단 10분 만이라도 꾸준히 공부했다면 일을 더 수월하게 했을 텐데 말이에요.

편 학창시절에 재밌었던 일이나 기억에 남는 사건이 있나요?

허 중학교 3학년 여름 방학 때였어요. 당시에는 고등학교 입학을 위한 연합고사제도가 있던 시절이라 고입 준비를 위해 더욱 집중해서 공부해야 할 시기였죠. 공부하느라 지루한 방학을 보내던 중 가장 친했던 친구와 대화를 나누다 캠핑을 가자는 얘기가 나왔어요. 마지막으로 한번 놀고 더 열심히 공부하자는 거였죠. 부모님께서 허락을 해주셔서 동네에 있는 산으로 갔어요. 텐트며 코펠 등을 챙기고 약수터에 들러 물도 담아 갔죠. 라면도 끓여 먹고 새소리를 들으며 책도 읽고 음악도 들으면서 오후 한때를 보냈어요. 그러다 해가 지고 어두워지자 부모님께서 그만 집으로 들어오라고 하시는 거예요. 친구와 처음 해본 경험에 신난 저는 꼭 한 번만 텐트에서 잠을 자

보겠다고 고집을 부렸죠.

결국 아파트 단지 내 잔디에 텐트를 치고 잠을 자는 것으로 타협했어요. 그런데 깜깜한 밤에 텐트를 접고 아파트로 옮긴 후 다시 텐트를 설치할 엄두가 나지 않았어요. 결국 부모님께서 모든 짐을 텐트 안에 넣고 아파트까지 들고 내려오셨죠. 그 장면을 생각하면 아직도 웃음이 나오네요. 친구와 새벽까지 이런저런 얘기를 하다 잠이 들었어요. 그런데 다음 날 아침, 눈부신 햇살에 눈을 뜨고 텐트 지퍼 문을 열자 출근하는 분들이 재밌는 구경을 하듯이 보시곤 웃으며 가셨어요. 동네 아주머니들도 신기해하시며 기웃거리자 당황스러웠고 거기서 캠핑은 끝났죠. 그 추억은 아직까지도 그 시절 가장 즐거웠던 기억으로 남아있어요.

편 어렸을 때 꿈은 뭐였나요?

허 부모님께서는 제가 의사나 검사 또는 변호사가 되길 원하셨어요. 요즘도 학생들의 장래희망을 조사하면 많이들 대답하는 직업일 거예요. 저의 경우 부모님의 바람도 컸지만 저 역시 의사라는 직업이 좋았죠. 당시에는 의사라는 직업을 가지면 경제적으로 더 나은 생활을 할 수 있으리라는 희망이 있었거든요. 그래서 의대에 가기 위해 이과에 갔죠. 그런데 막상 공부를 해보니 저는 문과가 더 적성에 맞더라고요. 실제로 문학에 심취하는 바람에 밤만 되면 하늘을 보며 시구를 떠올렸어요. 그리고 부모님께 시인이 되겠다고 말씀드렸는데 조금은 충격적인 말로 제 의지를 꺾으셨죠. 부모님은 제가 안정된 직업을 갖길 바라셨을 거예요. 그래서 아낌없는 지원도 해주셨을 거고요. 그 마음이 이해돼서 우선 경제적으로 안정적인 직업을 갖기 위해 노력하고 그다음에 글을 쓰자고 다짐했죠.

편 문학을 좋아한 학생이었다니 공대에 가서 적응하기가 쉽지 않았을 것 같아요.

허 정말 그랬어요. 자연현상을 수리적으로 풀이한다는 게 정말 어려웠죠. 떨어지는 낙엽을 보면 그 모습을 한 줄의 글로 옮기는 게 더 익숙한데 공대에서는 유체역학의 관점에서 그 흐름을 계산해야 했으니까요. 공학용 계산기에 외워지지도 않는 복잡한 식들을 빼곡히 넣어도 실제 문제가 나오면 푸는데 애를 먹었어요. 많이 힘들었고 좌절도 했죠. 그래도 공대를 졸업하면 대기업에 취업할 수 있다는 생각으로 버텼어요. 당시에는 인하대학교나 한양대학교, 서울대학교 공대를 졸업만 하면 비교적 쉽게 대기업에 입사할 수 있었거든요. IMF 경제 위기로 인해 그 희망마저도 사라졌지만요.

편 그 위기가 기회가 되었네요.

허 저 뿐만 아니라 전국의 공대생들은 그때 인생의 위기를 맞았죠. 저는 다행히 그 위기를 기회로 바꿨어요. 지금 돌이켜 생각해보면 그런 힘든 시절이 약학을 하는데 많은 도움이 되었다고 생각해요. 약학은 과학적인 학문이지만 당시 어려웠던 제 경험이 환자를 대하는 태도나 약사로서의 업무를 수행하는 데 많은 영향을 끼치고 있으니까요. 과거의 실패나 아픔은 다른 사람의 괴로움과 아픔, 슬픔에 더 공감할 수 있게 하고 타인을 배려하고 그들의 마음을 진심으로 보듬게 해줘요. 다시 수능시험을 보고 약대에 갔더니 IMF 경제 위기로 인해 뒤늦게 진로를 변경한 사람들이 많았어요. 직장생활을 하다 온 사람들도 많았죠. 여러분이 지금 어떤 위치에 있건 시험에 몇 번 실패를 했건 의지를 갖고 꾸준히 노력한다면 기회는 반드시 다시 올 것이고, 지나온 과정은 본인만의 자산이 될 거라고 말해주고 싶어요.

편 꿈꾸던 것을 이루고 있다고 생각하세요?

허 어떤 사람은 나이대로 늙어가고, 또 어떤 사람은 나이와는 별개로 계속해서 젊게 살아가요. 이 둘의 차이는 꿈이 없이 살아가는 것과 꿈이 있고 그 꿈을 위해 노력하는 것에서 온다고 생각해요. 저는 꿈이 있다는 말만으로도 조용하던 심장이 조금씩 빨라지는 것을 느껴요. 나이가 들어 흰머리가 하나씩 늘어가지만 여전히 하고 싶은 일들이 많죠. 그래서 마음만은 젊다고 느껴지나 봐요. 저는 꿈이란 게 하늘의 별을 바라보는 일

같아요. 우리의 발은 땅에 있어요. 그러니 별을 바라보는 것은 진짜 저 별을 따겠다는 것이 아니라 그 별을 향해 나아가겠다는 거죠. 별을 따고 안 따고는 중요하지 않을 수도 있어요. 별을 바라보고 별이 있는 방향으로 계속해서 나아가기 위한 노력이 중요하죠. 저는 제 별들 중 하나를 '기여'라는 별로 정했어요. 작게는 제가 속해있는 모임과 지역사회, 넓게는 전 인류를 위해 작더라도 무언가 기여하고 싶거든요. 그래서 오늘도 기여라는 저 별을 향해 하루하루 열심히 살아가고 있죠.

편 이 직업을 갖게 된 과정을 알고 싶어요.

허 처음엔 평범함 공대생이었어요. 그런데 IMF 경제 위기로 인해 졸업해도 갈 곳이 없는 취업대란이 왔죠. 대한민국의 기업들은 명예퇴직 등을 이용해 직원들을 내보내기 바빴고, 평생직장의 개념은 사라져갔어요. 그런 상황이 당황스럽고 좌절도 했지만 마음을 다잡고 진로를 바꾸기로 결심했어요. 회사원보다는 전문직에 대한 선호도가 급격히 오르던 시기라 저역시 면허가 있는 전문직이 되어야겠다고 생각했어요. 그래서 휴학을 하고 재수학원에 등록해서 열 살 가까이 어린 동생들과 함께 공부를 시작했죠. 미래에 대한 확실한 보장도 없이 다

람쥐 쳇바퀴 돌리듯 입시공부를 했어요. 쉽지 않은 인내의 시간이었죠.

처음부터 약대라는 목표를 설정하고 재수 준비를 시작한 건 아니었어요. 특별히 어떤 학문을 선호한 것이 아니라 전문직이 될 수 있는 의학 계열이면 어디든 가고 싶다고 생각했고 의대와 약대, 치대, 한의대 모두에 지원했죠. 그리고 약대에 합격해서 약사의 길을 걷게 되었어요. 저는 강원대학교 약학대학에 들어갔는데요. 국립대학이라 대학등록금 등의 학비가 적게 들었어요. 두 번이나 대학을 보내주시는 부모님을 생각해 학비도 선택의 기준이 되었어요. 춘천에 위치해 있어서 집이 있는 서울과 그렇게 멀지도 않았고, 국립대여서 정부의 지원으로 편의시설이나 고가의 실험 기자재도 잘 갖춰져 있었고요. 춘천의 맑은 물과 아름다운 자연을 곁에 두고 좋은 친구들과 약학을 공부했고, 약사시험에 합격해 약사가 되었어요.

편 약국에 취업하는 대신 제약회사에 들어간 이유는 무엇인가요?

허 대부분의 약대생들은 졸업 후 약국에 취업하거나 약국을 개업해요. 그런데 저는 제약회사에 들어갔죠. 전혀 예상치 못한 IMF 경제 위기를 겪으며 미래를 내다보지 못하고 살아왔다는 생각이 들었어요. 약국은 어느 때라도 갈 수 있으니 그전에 다양한 경험을 해보며 어떤 상황이 오건 유연하게 대처하고 싶었죠. 제약회사로의 취업은 급여도 받으면서 새로운 교육도 받을 수 있는 기회라고 생각했어요. 가장 처음에 들어간 곳은 국내 중견 제약회사의 개발부였는데, 신제품 개발 업무 외에도 허가나 학술, 대관 등의 다양한 업무를 하며 즐겁게 일했어요. 새롭게 배우는 많은 업무들이 저에게는 미래의 여러 가능성에 대한 준비였죠.

🔲 약사시험에 합격한 뒤 첫 환자와 대면했을 때 기억나세요?

🔲 지금의 약대 커리큘럼은 임상 쪽으로도 많이 보강되어 실제 약국 현장에서 일하며 배울 수 있지만 제가 다니던 때는 이론 수업 위주였어요. 그러다 보니 졸업 후 약국에서 일을 해야만 실제 업무에 대해 알게 되었죠. 실습 경험 없이 약국에서 일을 하게 되니 환자를 처음 대할 때면 어떻게 대화를 시작해야 하는지도 몰라 두려운 마음이 들었어요. 기억해보면 초반에는 단순히 기계적으로 정보만 전달했던 것 같아요. 요즘 화

두가 되고 있는 AI에 의한 약국에서의 약사 직능 대체도 이와 비슷하지 않을까 싶어요. 약사는 환자의 상태를 살피며 그 마음까지 세심하게 보듬어야 하는데 AI는 단순히 처방받은 약만을 전달하잖아요. 마음의 병도 어루만져 주는 것이 어떨 때는 더욱 중요한데 말이에요.

편 진로를 선택할 때 가장 중요하게 생각한 것은 무엇인가요?

허 우리의 인생은 수많은 선택의 연속이에요. 선택이 여러 색의 줄 중 하나의 줄을 골라 매듭을 짓는 일이라면 선택한 형형색색의 줄이 그 사람의 정체성이 되는 것이죠. 진로뿐만 아니라 모든 선택에 있어 중요한 것은 선택의 주체가 본인 자신이어야 한다는 점이에요. 부모님이나 선생님, 형제, 친구들의 조언이나 책과 인터넷에서 찾은 정보에서 도움을 얻을 순 있지만 선택을 할 때는 그것들을 바탕으로 스스로 고심해서 결정을 내려야 하죠. 본인은 본인이 가장 잘 알고 있으며 모든 선택의 책임은 본인에게 있으니까요. 그러니 진로를 선택하기 전에 본인이 원하는 것이 무엇인지 충분한 시간을 갖고 고민할 필요가 있어요. 자신에게 묻고 또 솔직하게 답하기를 반복

하며 답을 찾아가야 하겠죠.

편 직업을 선택하는데 영향을 준 책이나 영화가 있을까요?

허 오래된 기억인데요. 1995년인가 김정일이라는 의사가 쓴 『어떻게 태어난 인생인데』란 책이 있었어요. 책 내용은 별로 중요하지 않았어요. 실제 제목과 내용은 조금 달랐거든요. 이 책에서 중요한 건 바로 책의 제목이죠. 저는 그 말이 정말 마음에 들었어요. 이 말은 어떻게 태어난 인생인데, 한 번뿐인 인생인데 욕심 부리며 아등바등 사나 하는 생각, 좀 더 사회에 기여하며 살자는 마음, 계속해서 새로운 것에 도전하자는 의지를 갖게 해줬죠. 그런 생각과 마음, 의지 덕분에 약사 면허를 따고도 바로 약국에 가지 않고, 여러 가지 일들을 할 수 있었다고 생각해요. 저는 아직도 새로운 도전을 꿈꾸고 있으며, 새로운 사람과의 만남을 기대해요. 그래서 여행도 좋아하나 봐요. 그렇게 떠난 여행은 인생의 많은 물음에 답을 주기도 해요. 낯선 여행지에서, 자연 속에서, 처음 만나는 사람에게서 답을 얻는 일이 종종 있거든요.

편 일을 하면서 도움을 받았거나 영향을 받은 분이 있으신가요?

허 저는 선배나 선생님을 생각하는 마음이 다른 사람에 비해 상대적으로 강한 것 같아요. 그래서 귀감이 되는 분을 만나면 이 사람을 나의 멘토로 삼아야겠다거나 이분에게 배우고 조언도 구하며 마음을 다해 모셔야겠다는 생각을 종종 하죠. 그런 분들의 삶을 들여다보면서 많은 깨달음과 영감을 얻거든요. 충고와 격려로 저를 돌아보게 만들고 더 힘을 내게 해주는 분들, 본인의 일을 너무나 훌륭하게 함으로써 감탄을 자아내게 하는 분들을 보며 살아온 덕분에 제가 더 나은 사람이 되어간다고 생각해요. 학교 다닐 때 만난 선생님과 교수님, 직장생활을 하며 만난 선배들을 늘 가슴에 담아두고 생각하지만 요즘은 바빠서 자주 만나지 못하는 점이 아쉬워요. 많은 분들이 생각나 일일이 말씀드릴 수도 없네요. 그 많은 분들을 자주 찾아뵐 수도 없으니 연락이라도 자주 드려야 하는데 그러지 못하고 있어 죄송스럽게 생각해요. 제가 버킷리스트를 만든다면 첫 번째는 제 인생의 스승, 멘토, 선배 그리고 동료, 친구들을 한 분 한 분 만나보는 거예요.

편 일 외에 좋아하는 일은 무엇인가요?

허 예전에 회사에 다닐 때 잠깐 했었는데 최근 다시 하는 게 있어요. 바로 서점에 들러 그 자리에서 책 한 권 읽기죠. 시간이 나면 서점에 들러 마음에 드는 책 한 권을 꺼내 와요. 그리고 서너 시간 만에 책을 다 읽는데요. 그 시간은 온전히 저만을 위한 시간이에요. 다른 일은 잠시 잊고 오로지 책에만 집중할 수 있는 그 시간이 참 좋아요. 청소년들을 대상으로 한 약물안전교육에 가거나 후배들을 만나면 꼭 책을 읽으라고 권해요. 책을 읽는 사람은 그렇지 않은 사람보다 앞서나갈 수밖에 없어요. 책 한 권을 읽는 시간은 얼마 걸리지 않지만 그 짧은 시간 안에 저자가 오랜 기간을 들여 경험한 것과 방대한 지식을 한 번에 얻을 수 있으니까요. 여러분들도 늘 책을 가까이하며 계속해서 새로운 자극을 얻었으면 해요.

편 오랜 기간 이 일을 해오셨는데 현재의 삶에 만족하시나요?

허 항상 같은 마음은 아니에요. 만족할 때도 있고 아닐 때도 있죠. 굳이 비율로 얘기하자면 51 대 49로 만족하지 않을 때가 아주 근소하게 많다고 할 수 있어요. 그리고 만족할 만한 순간들이 더 많아지기를 바라며 매 순간 최선을 다하고 있죠. 저는 제약회사에 다니는 10년 동안에도 2년마다 회사를 옮겼어요. 회사 내에서도 자원해서 부서를 옮겨 다녔고요. 자리에 대한 집착은 욕심으로 보였고 무사안일한 생각들은 몸에 맞지 않는 옷 같았어요. 틀에 박힌 일정한 생활방식은 제 자신을 그 틀 안에 가두는 것 같아 싫었죠. 저는 매너리즘에 빠지는 것을 경계했고 그래서 늘 새로운 도전을 멈추지 않았어요. 새로운 환경에 처하면 처음엔 낯설고 힘들지만 뭔가를 해낼 때마다 성취감이나 기쁨, 보람도 찾아오지요. 앞으로도 계속해서 신선하고 독창적인 일을 찾아가고 싶어요. 실패하더라도 노력을 멈추지 않을 거예요. 가끔은 무모해지더라도 말이에요. 그런 열정이 제 삶을 더욱 만족스럽게 바꿔놓지 않을까요?

편 자녀가 약사를 하겠다고 하면 권하실 건가요?

허 예전에는 약사가 되었으면 좋겠다고 생각한 마음과 다른 일을 했으면 좋겠다고 생각한 마음이 둘 다 있었어요. 그런데 최근에는 약사가 되었으면 좋겠다는 생각이 많이 들어요. 단순히 선배 약사로서 이 직업이 괜찮아서 권하는 것이 아니라 이 학문이 다양한 분야를 아우르는 학문이라서 그래요. 약학은 백과사전과 같은 학문이에요. 약학을 배우면 약사가 되지 않더라도 생명과학 등 다른 분야에 가서도 충분히 이 지식을 활용할 수 있죠. 더불어 사회에 기여할 수도 있고요. 개인에게도 좋지만 우리의 삶을 더 나은 것으로 만드는데 도움이 되는 일이기에 추천하고 싶어요.

편 관심을 가지고 활동하는 분야나 새롭게 도전해보고 싶은 것이 있나요?

허 생명과학기술은 미래의 성장 동력이며, 바이오산업은 앞으로 무궁무진한 발전 가능성을 가지고 있어요. 그런 시대에 제약산업이 중추적인 역할을 하지 못하게 된 점이 무척 안타까워요. 이렇게 된 원인을 추측해보면 국민과 소통하지 못하고 서로 간에 신뢰가 없었기 때문인 것 같아요. 저는 이 둘의 가교 역할을 하고 싶어서 다양한 활동을 하고 있는데 가장 영향력이 큰 것은 아마도 언론과 미디어를 통한 활동이 아닌가 싶어요. 지금 방송을 하는 것도 그런 이유에서고요. 좋은 제도, 올바른 제도가 있는데도 의사와 약사가 밥그릇 싸움을 하느라 그 제도가 온전하게 운영되지 않는다면 손해는 고스란히 국민들에게 돌아가요. 그래서 약사와 의사가 함께 토론과 대

화를 통해 합의점을 찾아가기 위한 방송을 하고 있어요. 인터넷 방송이고 예능 방송처럼 재미있는 것도 아니라 많은 사람들이 보지는 않지만 누군가는 그 일을 해야 하죠. 그런 일들이 조금 더 나은 사회로 가는 발판이 될 거라 믿어요. 약계와 국민 사이를 연결하는 다리이자 소통채널, 접착제 역할을 하고 싶어요.

[편] 마지막으로 약사를 꿈꾸는 청소년들에게 하고 싶은 말이 있나요?

[허] 제가 어렸을 때는 가족이나 부모가 어떤 직업을 가지라고 권하는 일이 많았어요. 직업에 대한 구체적인 정보나 본인이 그 일에 맞는지 객관적으로 평가할 도구도 없었고요. 그렇지만 지금은 정말 많이 달라졌죠. 오히려 수많은 정보 속에서 나에게 맞는 정보를 고르는 게 일이잖아요. 또 무조건 공부를 잘해야만 대학에 가는 것도 아니에요. 자신만의 특기를 살려 대학에 가기도 하죠. 여러분 중에 약사를 꿈꾸는 학생이 있다면 대충 생각한 꿈일 것 같지는 않아요. 약사에 관해 차근차근 알아보고 미래의 모습을 그려봤기에 꿈꾸고 있다고 생각하죠. 선배 약사로서 그 결정에 박수를 보내요. 정말 잘한 결정이라고 생각해요.

　이제 중요한 일은 꾸준함이에요. 누구든 꿈을 꿀 수 있지만 꾸준히 노력해서 성과를 내는 일은 쉽지 않잖아요. 저와 함께 간단한 실험을 해봐요. 백지와 자, 각도기를 준비하세요. 먼저 백지를 가로로 놓고 자를 이용해 수평선을 그어요. 수평선의 왼쪽 끝에서 오른쪽 끝까지 화살표를 긋고 시간이라고 쓰는 거죠. 그다음 왼쪽 시작점에서 각도기를 이용해 1°위에

점을 찍어요. 그 점과 왼쪽 시작점을 연결해보세요. 그리고 자를 대고 우측 끝까지 이어 나가보세요. 뭐가 보이나요? 처음에 표시한 1°의 차이는 미세하지만 시간 축을 쭉 따라가 보면 제법 차이가 나는 게 보이죠? 시간이 흐를수록 그 차이는 점점 커져서 하늘과 땅만큼의 차이가 날 수도 있어요.

이 책을 읽는 친구들의 긴 인생을 생각하면 여러분은 지금 자신의 꿈을 찾는 원점에 서 있을지도 모르겠어요. 이미 원점에서 출발했다 하더라도 생각의 방향만 바꾸면 인생 전체가 달라질 수도 있겠고요. 어떤 목표를 가지든 꾸준하고 일관되게 한 방향으로 나아간다면 결국에는 여러분의 꿈에 도달할 거라고 생각해요. 청소년 시기야말로 그 꾸준함을 연습하기에 좋은 때고요. 꾸준히 공부하고 연구하는 습관을 길러보세요.

그리고 시간을 내서 책을 읽는 시간을 많이 가졌으면 좋겠어요. 책은 들인 시간과 비용에 비해 많은 걸 얻게 해줘요. 책을 읽음으로써 사고를 확장할 수도 있어요. 다양한 경향의 글을 읽다 보면 사고가 유연해지기도 하며 다른 사람의 입장이 되어볼 수도 있겠죠. 이런 책 읽기야말로 나중에 이 일을 하는 데 큰 도움이 될 거예요.

마지막으로 힘든 순간들이 올 때마다 함께 해줄 누군가를 만들었으면 좋겠어요. 부모나 선생님도 좋고 선배나 친구도 좋아요. 주위 사람들 중에서 멘토나 인생 코치를 만들면 힘든 시기나 어려운 결정의 순간이 와도 좌절하거나 망설이지 않고 앞으로 나아갈 수 있어요. 자신을 위해 따뜻한 말 한마디, 올바른 충고를 아끼지 않는 한 사람을 만들고 그 관계를 계속 이어나가보세요. 내가 원하는 구체적인 목표가 그려졌다면 이미 그것을 경험한 사람을 찾아내 그 사람이 꿈을 이룬 방법을 배우는 것도 좋겠고요. 이 책이 그 역할을 한다면 더할 나위 없이 기쁠 것 같네요. 여러분의 꿈을 응원해요.

약사를 꿈꾸는
청소년에게

"
사람 중심의
약물요법 관리자,
약사의 길 안내서
"

전 대한약사회 회장 **원희목**

의약분업이 실시된 지 20년 가까이 되어가는 지금, 4차 산업
혁명이라는 융합의 시대가 오고 있습니다. 지난 시절에는 약
물 지식 중심의 약사의 역할이 중요했다면, 이제는 약사와 환
자 간, 약사와 다른 보건의료인과의 소통이 강조되는 새로운
약료서비스의 시대가 되었습니다. 약사의 사회적 역할이 재정
립되고 확대되어야 하는 시기에 미래의 주역이 될 청소년들과
소통하며 약사의 직능을 알리고 미래 약사의 꿈을 키울 수 있
는 좋은 안내서가 출간되었습니다.

저자인 허지웅 약사는 약국뿐만 아니라 제약회사에서 약
사로서 경험할 수 있는 영역을 두루 경험하며 여러 분야의 지
식을 쌓아왔을 뿐만 아니라 다양한 분야의 전문가들과 소통하

는 법을 현장에서 체득해왔습니다. 또한 다년간 약물안전교육 강사로 청소년들과 소통하면서 의약품에 대한 지식을 전달하고 약물 오·남용에 대한 교육과 진로 상담을 했습니다. 덕분에 청소년들이 가지는 약학에 대한 생각이나 약사에 대한 궁금증과 오해를 누구보다도 잘 알게 되었고 청소년들의 눈높이에 맞춰 대화하는 방식으로 책의 내용을 꾸몄습니다.

청소년 시기는 직업에 대한 정보를 가지고 진로의 방향을 잡는 중요한 시기입니다. 하지만 넘치는 정보 속에서 직업에 대한 올바른 탐색과 판단은 쉽지 않습니다. 미래 사회의 중심이 될 청소년들에게 이처럼 질문에 답하는 형식의 실질적인 멘토 역할로서 이 책이 가지는 의미는 크다고 할 수 있습니다.

약사가 되기 위한 방법과 약사가 일하는 각 분야의 모습 그리고 약사라는 직업의 현 주소를 소개하면서 약사 사회의 이슈도 친절하게 설명합니다. 재미있는 약의 세계와 저자 본인이 걸어온 약사의 길도 보여주며 지금보다 미래가 더 밝은 약사의 모습을 제시하였습니다.

이 책은 청소년들 스스로 약사라는 직업을 탐색하는데 도움을 주는 것은 물론이고 청소년들 가정의 부모님, 진로교육을 하는 선생님 그리고 약사라는 직업에 대해 궁금해하는 일반인들에게 쉽고 편하게 약사라는 직업 세계를 알리는 책입니다. 한걸음 더 나아가 이 책은 새로운 시대 앞에 서 있는 약사들에게 현재를 점검하는 좋은 기회를 제공하리라 확신합니다.

약사의 삶을
걷고자 하는 후배에게
꼭 권하고 싶은 참고서

인천 한독약국 약사 **장재인**

저는 약국을 연지 30년이 넘었습니다. 그 세월에 앞서 제약회사를 잠시 두 어 곳 다녀 본 적도 있습니다. 적지 않은 세월을 뒤돌아보니 약사라는 직업이 저에게는 참으로 고마운 직업이 아닐 수 없습니다. 제 친구들은 이미 은퇴하여 일을 멀리하고 있습니다. 그러나 제게는 남부럽지 않은 직장과 남이 부러워하는 옷, 약사 가운도 있습니다. 그 옷을 걸치면 저는 마치 판타지 소설에나 나올 법한 마법사가 된 기분입니다. 그 옷이 제 호칭을 달리해주며 저를 바라보는 눈길에 존경심을 담아주기 때문입니다. 그 옷을 입으면 제 손은 '생사여탈生死與奪 목숨을 얻거나 잃게 하는'의 권한을 쥔 엄숙한 영역의 도구가 되어 버립니다.

제가 아끼는 후배 허지웅 약사의 책처럼 전문직능인으로

서의 약사의 삶을 제시하는 지침서를 미리 읽고 약사가 되었더라면 또 다른 만족과 보람으로 더 큰 인생의 희열을 느꼈을지도 모른다는 생각이 들었습니다. 약사가 되려는 후배에게 꼭 들려주고 싶은 이야기가 있습니다. 인생에도 교과서와 참고서가 있습니다. 교과서는 자신이며, 참고서는 남입니다. 때로 인생은 남이 걸어온 길을 염두에 두어야 합니다. 시행착오를 줄이려는 현명한 지혜를 반영하면 우리는 더 큰 빛을 발할수 있을지도 모릅니다. 굳이 안 해도 될 시행착오를 겪는다면 시간과 노력의 낭비가 아닐 수 없습니다.

막연히 약사가 되겠다는 일념으로, 단지 약사가 되고 싶다는 희망만으로 약사라는 전문직능의 세계에 쉽사리 발을 들여놓는 것도 좋지 않지만, 많은 길도 답사해보지 않은 채 오로지 하나의 길만을 택하여 매우 좁고 작은 영역에서 활동하는 약사가 되려는 것 또한 바람직하지 않을 것입니다. 약사는 고귀한 직업입니다. 배우기 어렵고 남들보다 힘든 학문을 했다는 사실만으로 품격이 정해지지는 않습니다. 약사가 되기 전에 확고한 믿음과 철학을 바탕으로 진정한 약사가 되려는 꿈을 기르고 그 꿈을 실현시켜 나간다면, 또 그런 과정을 통해 자랑스러운 흰 가운을 걸친 약사가 되었다면 그 모습은 감히 그 어느 누구도 범접하지 못할 품격을 지니게 될 것입니다. 이 책을 한번 읽으면 참된 약사가 되리라 믿습니다. 두 번 읽으면 훌륭한 약사가 되리라 믿습니다. 세 번 읽으면 가장 약사다운 약사가 되리라 굳게 믿습니다. 그래서 권해드리고자 합니다.

"
꿈의 세계를
마음껏 유영하는
주인공이 되길
"

약사 **박명훈**

Q 간단한 자기소개 부탁드려요.

A 안녕하세요. 저는 강원대학교 약학대학을 졸업한 약사 박명훈이에요. 현재는 현업에서 다양한 경험을 쌓고 있으며, 약대를 다니던 중에는 강원대학교 약학대학 학생회장을 비롯하여 제27기 전국약학대학 학생협회장을 역임하는 등 다양한 대외활동을 했어요.

Q 약대생의 대학 생활이 궁금해요.

A 약대는 현 제도 상 고등학교를 갓 졸업한 새내기들이 들어올 수 없어요. 이미 대학생활을 경험한 학생들이 들어오기 때문에 자신만의 취미와 다양한 개성을 지닌 학생들이 많으며, 댄스나 밴드, 등산, 운동, 독서, 토론, 봉사 등의 동아리들이

많이 발달되어 있고요. 오전에는 함께 수업을 듣고 오후에는 이런 활동들을 하니 자연히 동기들과 보내는 시간이 많죠. 그렇게 밤낮으로 함께 생활하다 보니 갈등과 트러블도 있지만 가족 같은 분위기가 형성된다는 것이 약대만의 특징인 것 같아요. 또한 연합동아리들도 많이 형성되어서 다른 약대생과의 교류도 활발하다는 것 역시 약대의 특징이에요.

Q 약대 생활 중 어려운 점이나 고민은 무엇이었나요?

A 약대는 학기 중에 많은 학점을 이수해야 하기에 많은 수업시간과 그에 따른 공부시간이 필요해요. 타이트한 수업 일정은 지내다 보니 적응이 되었지만 처음 겪을 때는 힘들었죠. 현행 약대 커리큘럼에는 약국, 병원, 제약회사, 실험실 등에서의 실습이 포함되어 있어요. 실습은 글로만 배웠던 것을 직접 경험해보는 좋은 기회이기도 하지만 실전이다 보니 당황하기도 하죠. 실제 이론을 적용하는 것이 힘들기도 했지만 이 또한 시간이 지날수록 적응도 되고 자연스레 빨리 약사가 되고 싶다는 적극적인 생각도 가지게 되었고요.

Q 약대를 다니면서 즐거웠던 일이나 보람 있었던 일 등 좋은 점은 무엇인가요?

A 저는 약대를 다니며 강원대학교 약학대학 학생회장과 전국약학대학 학생협회장 등의 많은 대외활동을 했는데, 이러한 활동을 하며 많이 성숙해질 수 있었어요. 특히 4년 동안 매년 참석했던 전국약학대학 학생협회 농촌봉사활동이 기억에 많이 남아있어요. 농촌봉사활동뿐만 아니라 약사들과 함께 약품 봉사활동까지 진행했던 것은 약대생만이 할 수 있는 활동이기에 더욱 의미 있었고요. 큰 보람을 느껴 2018년 약대를 졸업하고는 약사로서 참여하기도 했죠.

Q 미래의 약사를 꿈꾸는 후배들에게 조언 한마디 해주세요.

A 약대에 오는 이유는 매우 다양해요. 학문적 지식을 쌓기 위해, 경제적인 이유 때문에, 사회적 지위를 얻기 위해 등등, 어떠한 이유에서 약대에 진학하든 약대에 들어왔다면 다니는 동안 학생으로서 할 수 있는 모든 것들에 최선을 다했으면 해요. 약사로서 첫해를 보내는 지금, 제가 대학 생활에서 경험한 많은 것들이 현재 제 삶에 매우 큰 도움을 주기 때문이에요.

Q 이 책을 읽을 청소년들에게 해주고 싶은 말이 있을까요?

A 약학대학에 가려는 마음을 품은 사람에게 있어 이 책을 읽고 안 읽고는 약사가 되었을 때 꽤 많은 차이가 날 거라 생각해요. 마치 낯선 길을 갈 때 내비게이션을 보고 가는 것과 그렇지 않은 것의 차이와 같죠. 이 책에서는 약으로 인간과 인간을 맺어주고 소통하며, 그 과정에서 건강을 지키기 위해 노력과 열정을 쏟는 약사의 모습이 매우 흥미진진하고 다채롭게 펼쳐져요. 책을 읽다 보니 약사가 되기 전에 이 책을 읽었다면 지난 4년을 보다 알차게 보내며 약사로서의 미래를 계획했을 것이라는 아쉬움이 생기네요. 그렇기에 약사가 되고픈 여러분께서는 꼭 이 책을 읽었으면 해요. 약사와 같은 전문 직업의 세계는 생각만 한다고 언젠가 이뤄지는 꿈이 아니라 철저한 다짐과 함께 준비하지 않으면 안 되는 꿈이기에 그렇죠. 그 준비운동을, 이 책을 통해 하게 된다면 여러분은 그 꿈의 세계를 마음껏 유영하는 주인공이 되어 있을 거예요.

청소년들의 진로와 직업 탐색을 위한
잡프러포즈 시리즈 19

2018년 10월 1일 | 초판1쇄
2024년 2월 19일 | 초판5쇄

지은이 | 허지웅
펴낸이 | 유윤선
펴낸곳 | 토크쇼

편집인 | 박가영
디자인 | 김경희
마케팅 | 김민영

출판등록 2016년 7월 21일 제2019-000113호
주소 | 서울시 마포구 월드컵북로98, 2층 202호
전화 | 070-4200-0327
팩스 | 070-7966-9327
전자우편 | myys327@gmail.com
ISBN | 979-11-88091-40-9 (43190)
정가 | 15,000원